長い読書

島田潤一郎

みすず書房

長い読書■目次

本を読むまで

本と仕事

本と家族

本を読むまで

本を読むまで

本を読み続けることでなにを得られるのか。いちばんわかりやすいこたえは、本を読む体力を得られるということだろう。眠たい目をこすりながら、夜、一ページ、一ページ、本を読みすすめる。わからないところもある。うまく想像できないところもある。でも、黙って読む。物語の終わりに向かって、あるいは、論考の帰結に向かって、暗い洞窟のなかを手探りですすむように、ページをめくる。

はじめのうちは、右手の親指と人差し指のあいだには、わずか数枚の紙しかない。それはとても頼りなげで、こんなことではいけない、いつ終わるかわからないこんな行為にうつつを抜かすよりも、明日の準備や、部屋の片づけに精を出すほうがいいのではないか、と思う。

本の内容に集中できないときは、とくに部屋のあちらこちらのことが気になる。自分がお腹を空かせていないかも気になるし、だれかがメールを送ってきていないかも気になる。この散漫な感じは、ずっとむかし、期末試験の前の日に机に向かっていたとき以来のことかもしれない。

当時、よく勉強ができたあの子は学校の教科書以外にも本を読んだりしていたのだろうか？　難しい本をすらすらと読みこなし、いまもどこか遠くで本を読んだりしているのだろうか？　窓の向こうは夜。開いたままのページの余白がやけに黄色く、ぼんやりと見える。

いま読んでいるところは昨日読んだところの続き。昨日一〇ページ読んだから、今日も一〇ページ読む。おもしろいかどうかはまだわからない。もしかしたら、最後までわからないかもしれない。でも、読むと決めたから読む。子どもたちが両手を広げ、車止めの上をバランスをとって歩くように、あるいは、ケンケンパをするように、文字の細い連なりの上をえっちらおっちらとすすんでいく。

一段落ついたら眠る。静寂から静寂へ。すぐに寝つけない日もあるし、深く眠り、長い夢を見ることもある。朝、目覚めてパンを食べ、歯磨きをし、それから仕事に出かける。いろんなひとに挨拶をし、立ち話をし、打ち合わせをする。メールをチェックし、折り返しの電話をかけ、書類をととのえる。そうした時間のずっと底のほうには、昨日読んだ本の思い出がある。それは実際に経験した記憶と比べればとてもはかなく、うまく言葉にもできない。うまく言葉にもできないから、だれにも話さない。でも、本のタイトルと作家名ぐらいは同僚に告げることがある。

家に戻り、夕飯を食べ、インターネットをチェックし、食器を洗い、お風呂に入ってから、本をとりだす。それはまだ、よろこびではない。どちらかというと義務感に近い。

今日のできごとを頭から振り払い、身を清めるような思いで本にふれる。スピンを抜き、右すみに印刷されているページ数を確認して、いよいよ一文字ずつ読みはじめる。声にこそ出さないが、「はい、読んでいますよ」とだれかに伝えるような感じ。教室のなか、公園のなか、バスのなか、自分の部屋のなか。これまで自分が本を読んできた場所を思い出し、その過去の記憶に同期するようにして、本の世界に入り込んでいく。

昨日読んだところを開けば、オートマチックにその世界に入っていけるわけではない。それが読書のむずかしいところだ。映画館に行けば映画ははじまるし、横浜アリーナに行けばコンサートははじまる。でも、本はページを開いたところで、読者の意志と関係なくスタートするわけではない。それはどんなにおもしろい物語でも同じ。本を読みすすめるには、ほんの少しの意志が要る。

思い出すのは、一年前か、二年前かにマラソンをはじめた友人のことだ。そのひとは学生時代に陸上部に入っていたわけではなかったし、運動が取り立てて好きなわけでもなかった。ただ単純に、健康のこと、もっと正確にいえば、増えはじめた体重が気になって、毎夜走るようになった。

最初のうちは、走ることがつらかった。同じコースを走るひとと比べると、友人は飛び抜けてスピードが遅かったし、走るための格好も、ペースも、どうやってそれを終わらせるのかもわからなかった。

でも、毎日走っているうちに、自分なりに走るコツのようなものがつかめてきた。そうすると、走る距離も少しずつではあるが伸びていき、以前ほど疲れなくもなった。

走るのはたのしい？　とたずねると、友人は「いや、そんなにはたのしくない」という。ではなんで毎日走るの？　と聞くと、「走るのを休んでしまうと、次の日がたいへんだから」とこたえる。一日休んでしまうと、それを取り返すのに倍の力が要る。そのひとのいう「倍の力」とは筋肉のことだけではなく、きっと「意志」のことも指しているのではないか。

読書も同じで、本を読むのを一日休むと、続きを読むのがおっくうになる。あらすじを思い出すのに、その著者の論旨を思い出すのに、倍の時間がかかるからだ。休んでいる期間があまりに長いと、自分の記憶のなかから、その本の思い出がきれいそっくり無くなっているということもある。

だから、本を読むコツというのがあるとすれば、それは毎日続けることなのだ。眠くてしかたない日も、仕事が忙しい日も、こころが乱れている日も、すこしでいいから本を開く。それが頭のなかに入ってこなくても、共感できるところがすくなくても、一ページでも、二ページでも読んでおく。そうすると、本を読む体力がつく。

大きな書棚から

三歳のころに引っ越してきた世田谷区の団地は2LDKで、だいだい色の絨毯の敷かれた四畳半の部屋にはテレビと、ふたつの木の家具があった。

　お金がないときに無理して買ったという北海道民芸家具のライティング・ビューローは母のお気に入りの家具で、二メートル近くある、ガラス扉の書棚も母の自慢だった。

　若いころの母は父をよろこばせようと思って、父が愛する太宰治の全集（全一二巻、別巻一）をコツコツと買い揃えた。当時のサラリーマンの必備書ともいうべき司馬遼太郎の小説（『翔ぶが如く』全七巻）も単行本で買った。海音寺潮五郎の『西郷隆盛』（全一四巻、未完）というのも全部買い揃えた。それらが刊行されたのはぼくが生まれる一九七六年の前後のことで、まだ二〇代だった母は、ときに大きなお腹で、あるいは赤ん坊を連れて、父のために単行本をせっせと書店に買いにいった。そして、それを書棚にきちんと並べ、本の背が並んでいくさまを見て満足した。

大学生になったぼくがその書棚を占領するようになるまで、そこに並ぶ本の並びは一冊たりとも変わることがなかった。日々の生活のなかで、父も、母も、ぼくも、その書棚の扉を開けることすらしなかったのであり、つまり、買うべき本がすべて揃った時点で、本もまた、家具の一部になっていたのだった。

書棚は上部と下部の構造が異なり、下部は観音開きの木製の扉だった。いつもそこになにが入っているのかを忘れてしまう、その扉の向こうには平凡社の百科事典などの実用的な本が並んでいて、上部のガラス扉の棚には先述した単行本のほかに、ワイングラスやアイスペールが並んでいた。

書棚は運搬しやすいように、上下の棚を切り離すことができるようになっていた（木ダボで嵌める設計だった）。どっしりとした下部の棚は上部の棚より五センチほど奥行きがあり、その奥行きの差のあいだに、帰宅した父は毎夜、小銭と腕時計をおいた。子どものころのぼくは朝、小学校に行く前によくその小銭を数え、たまにそこから一〇〇円玉をくすねた。

小学校五年生のときに母がアルバイト先で坂本龍馬特集の「歴史読本」をもらってきて、それをきっかけに幕末に興味をもった。

母の郷里は高知県であり、夏休みになると毎年高知に行っていたから、志士たちの名前には馴染みがあった。

坂本龍馬や中岡慎太郎、高杉晋作、久坂玄瑞といった明治維新の礎を築いた人たちの名は、一ヶ月も経たないうちに、ヤクルトスワローズの若松勉、ボブ・ホーナーに変わって、ぼくのあたらしいヒーローとなった。

高知に行くと、海水浴のかわりに史跡を訪ねてまわり、小学校六年生の冬休みには父にお願いをして、萩と京都へも連れていってもらった。

四条河原町の商店街で坂本龍馬と中岡慎太郎の遭難の碑を見て、その帰りに近くの古書店に立ち寄った。父はしげしげと棚を眺め、ぼくも父の真似をして、幕末の本が並ぶ古書店の棚を一所懸命見つめた。


司馬遼太郎の小説で最初に読んだのは『幕末』という短篇集だった。

作品のほとんどは当時の暗殺事件を扱っており、読んでいると、血湧き肉躍る思いがした。

ぼくの頭のなかにしかいないモノクロの志士たちが、あるいは、一枚の写真も残さず非業の死を遂げた英雄たちが、小説のなかでしゃべったり、走ったり、剣を振ったりすることに驚いた。

世の中にこんなにおもしろいものがあるのか、と思った。

家に帰れば

中学生のときにテレビでビートルズに出会って以来、長くビートルズが人生の中心にあった。
毎日、学校から家に戻ってくるなり、CDをかけ、畳の上に寝っ転がって、歌詞カードを眺めた。

She loves you yeah yeah yeah *1

「she」の意味も、「loves」の意味も、「you」の意味も、中学校で習っていたから知っていた。でも三つ単語が並ぶと、意味にはならなかった。「I Saw Her Standing There」を聴いても、「Girl」を聴いても、「Yesterday」を聴いてもおなじ。ぼくの耳に意味として入ってくる言葉はなにひとつとしてなかった。

夕ご飯を食べる前も、お風呂から出たあとも、ビートルズを聴いた。当時もっていたのは、『決定版　ザ・ビートルズ』という三枚組の海賊版のCDで、『リボルバー』までの代表的な歌が全部で六〇曲入っていた。それがそのころのぼくのすべてで、それ以外はなにもなかった。ビートルズのどこがそんなにいいの？　と聞かれても、うまくこたえることはできなかった。なぜなら、ビートルズは一四歳のぼくのこころ、そのものでもあったから。好きなテレビの思い出も、小学校のときから記憶してきた膨大なプロ野球の選手成績も、学校で習った英文法も、数式も、家族との旅行の思い出も、全部荷造りして、こころの外へ追い出して、ぼくのこころはビートルズでいっぱいだった。

まだ受験のことはなにもいわれなかったし、塾の授業も週二日しかなかった。母は近所の食器屋さんにパートに出ていて、ぼくは実家の団地の一室に帰ると、すぐにラジカセの前に行って、CDのスタートボタンを押した。制服のネクタイを外しているあいだに、ギターの音や、ジョンやポールの声が聞こえてきて、そうすると、中学校であったいやなこともすべて忘れてしまうのだった。

「オーイェー、アー、テルミ、サムシング*2」

うたいながら、母が買ってきてくれているお菓子を物色し、自分が好きな曲が流れてくるのを、あるいは、自分の好きな曲の、好きなところが流れてくるのを待った。それはあるときは、「Any Time At All」の出だしだったり、または早口の「all you gotta do is call」のところだったり、「and I'll be there」のところだったりした。

日によって好きな歌は変わったが、感じるのはいつも同じことだった。世界でもっともすばらしいメロディがぼくの部屋に鳴り響き、それが綱渡りをするように数秒続くのである。その感じは、「ぼくがビートルズを聴いている」というのではなくて、ぼくがいない世界で、音楽が高らかに鳴っているような感じなのだった。


実家の団地は一三階建てで、ワンフロアに一六世帯が入居していた。ぼくが帰る2LDKの部屋は八階にあり、窓からはオープンして間もないコンビニエンスストアが見えた。そこには中学校から帰ってきた生徒たちがたまっていて、ガードレールに腰をかけて、肉まんを食べたり、コーヒー牛乳を飲んだりしていた。

彼らはついこの間まで、空き地でサッカーをしたり、お菓子のおまけのシールを集めたりすることに夢中になっていた。道路の真ん中に石があれば、家に着くまでそれを蹴りながら歩いたし、変わった松ぼっくりがあれば、それを珍しがってポケットのなかに入れたりした。

でも、いまはそうではなかった。彼らはしばしばコンビニエンスストアで万引をしたし、ぼくの住む団地の非常通路でタバコを吸っていた。

そのうちの何人かは、お互いに「親友」と呼び合うくらい、以前は仲がよかった友だちだった。

でもその友だちとは、まったく話があわなくなってしまった。

ある日、その友だちの友だちが、帰宅しているぼくの背中に向けて、理由もなくつばを吐いた。ぼくは団地に帰るなり、ブレザーについたそのつばをティッシュで拭った。それからいつものように、『決定版　ザ・ビートルズ』を聴いた。

ビートルズが好きなんだ、という言葉では、まったく足りなかった。あのころ、ビートルズはぼくのすべてであり、繰り返すが、ぼくのこころそのものであった。

＊1　ビートルズ「She Loves You」
＊2　ビートルズ「I Want To Hold Your Hand」

『追憶のハイウェイ61』

近所の図書館で『ロックCD名盤ガイド』（立風書房）という本を借りてくる。一ヶ月も経たないうちに、頭のなかはそれまで聞いたことのない固有名詞でいっぱいになり、お小遣いのすべてはCD代に消える。

最初はなるべくビートルズに似ていそうなミュージシャンのアルバムを買い、お年玉や高校の入学祝いなどでまとまったお金が入ったときには、これまで聴いたことがなさそうなジャンル、時代のアルバムを買う。

確率でいえば、購入したアルバムの半分は一聴しただけでは、その良さがよくわからない。それらはビートルズのように人懐っこくはないし、メロディアスでもない。けれど、せっかくなけなしのお小遣いで買ったから、何度もCDプレイヤーの上に乗せる。『ロックCD名盤ガイド』の紹介文を読み返し、そこに書いてあるような印象をもてるようになるまで、繰り返し聴く。そうした体験が自分というものをつくる。

幸運なことに、団地の近くには片側二車線の幹線道路があり、そこには潤沢な音楽ソフト売り場を併設する大きな家電量販店があった。ぼくが探しているCDはたいていその店にあり、そこに並んでいない場合は、自転車を飛ばして私鉄の駅前のCD屋さんをはしごした。

そのころはまだ、ビートルズが解散して二〇年ほどしか経っていなかった。フレディ・マーキュリーはまだ生きていたし、セルジュ・ゲンズブールも、スタン・ゲッツもまだこの世にいた。英米のロック、ポップスのCD売り場に限定していえば、その取り扱う時代の幅はせいぜい三〇年くらいだったのであり、日本のロック、ポップスの棚の時代の幅はもっと狭かった。

忘れられないのは、高知県の室戸にあった電気屋さんだ。その一〇坪ほどの店の真ん中には、上から見下ろして眺めるタイプのボックス型のCD棚があり、ぼくは夏休みになると一歳上の従兄とその店にCDを買いにいった。

中学一年生のころは、その洋楽の棚に並んでいるCDの一〇分の一も知らなかったが、高校一年生にもなると、そこにある約二〇〇枚の洋楽のアルバムのすべてを知っていた。

ポール・アンカも、ニール・セダカも、レッド・ツェッペリンも、ガンズ&ローゼズも、ブライアン・アダムスも全部知っている。その誇らしさといったらなかった。

中学生や高校生にとっては、大きな店よりも、小さな店の棚のほうがはるかに重要だった。小さな店の品揃えは、洋楽という摑みどころのない世界の雛型にほかならなかったのであり、その限られた二〇〇枚ほどのセレクションのなかに、ボブ・ディランの『追憶のハイウェイ61』や、ピンク・フロイドの『狂気』を見つけることが、すなわち発見だった。

たくさんの店の棚を見ていくうちに、いつしかCDの背の色だけでアーティストが認識できるようになり、洋楽の棚を一瞥するだけで、その店の特徴がわかるようになった。

その視覚的な手がかりがあったからこそ、初めて行く町のCD屋さんであっても、気後れすることなくCDを物色し、買い物をすることができたのであり、ぼくはやがて、まだ見ぬCDを求めて、新宿、渋谷の巨大なCD店へ足を運ぶようになる。

こうした、「棚を眺めて、その世界を視覚的に把握する」という行為は、数年後、そのまま場所を書店に移して、二〇代のぼくの趣味、というより、日常となる。

バーンズ・コレクション

それまでは何も考えずにやり過ごせたことが、すこしずつ、やり過ごせなくなってくる。毎日、なにかを不安に思う。自分の身体とこころが、次第にずれはじめているように感じる。人の目も気になりはじめる。小さな鏡を買って、それを制服の内側のポケットに隠し持つ。自分がこの高校でいちばん醜いのではないか、と思う。

ウォークマンのボリュームをあげる。月曜日に買った「週刊少年ジャンプ」を火曜日も、水曜日も読む。試験勉強に勤しむ。不安はそのあいだも、身体のいちばん深い場所から、ぼくの生活を脅かし続ける。

きっかけは一九九四年。

この年、母は国立西洋美術館で開催されていた「バーンズ・コレクション展」に足を運び、感銘を受けて団地に帰ってきた。

累計一〇〇万人もの動員を記録したその展覧会は、フランスの近代絵画の名品をいくつも揃え、なかでもマティスの巨大な抽象画が母のこころを捉えた。それからは、ことあるごとに「バーンズ・コレクション」といった。

そんなにもすばらしいのならぼくも一度見てみたい、と思ったが、入場まで一時間以上並んだという母の言葉に怖気づき、上野まで行かなかった。

高校三年生になり、大学進学に向けて毎日机に向かうようになったが、絵を見てみたいという気持ちだけはいつまでも残った。

それから約二年後、日本大学の一年生となったぼくは「ゴッホ展」を見に桜木町へ向かった。電車代とチケット代をあわせれば、国内盤の洋楽CDが一枚買えた。そのぶんくらいは何かを持ち帰りたいと思って、一所懸命、絵を見つめた。

帰りには分厚い図録を買い、隣接しているミュージアムショップでコクトーのデッサン集も買った。翌日の昼食代も困るくらいの散財だったが、とても満足していた。母があんなにも「バーンズ・コレクション」がいいといっていたのが、やっとわかった気がした。

毎日のように家で画集を眺め、もっと絵の中心に近づきたいという思いで、ゴッホのデッサンをノートに描き写しはじめた。そのあいだだけは、自分にたいする嫌悪感や不安から逃れることができた。

絵を見ているときも同じだった。電車に乗り、美術館の入り口でチケットを買い、一〇〇枚ほどの絵を眺める。作品と向かい合っているときはもちろん、展示と展示のあいだの通路を歩いているときも、階段をのぼっているときも、トイレで用を済ませているときも、ぼくは家にいるよりも気持ちが落ち着いた。


大学の授業が終わると、大学の図書館に立ち寄り、大判の画集を眺めた。実際のゴヤやドラクロアは果たして、どれくらい大きいのだろう、と思った。

実家の近くの古本屋さんで、「週刊グレート・アーティスト」という分冊百科に出会い、そればかりを買い集めるようになった。

毎号三六ページで構成されているこの薄い冊子は、毎号ひとりの画家の代表作と人生をコンパクトに紹介していた。第一巻はゴッホ。最終巻の一〇〇巻は総索引。収録している絵の枚数は少ないのだが、そのぶん、一枚一枚の図版が大きかった。

ぼくは古本屋の軒先で、「週刊グレート・アーティスト」を立ち読みし、そのたびに一、二冊買って帰った。価格はたいてい一〇〇円で、どんなに高くても三〇〇円を超えることはなかった。

はじめは印象派の画家や、ピカソ、マティスといった著名な画家の号を重宝したが、だんだんとルネサンス期の画家の作風に惹かれ、最終的には、ボッティチェリと、フラ・アンジェリコ、ジオットの号を愛読するようになった。

ぼくは大学から家に帰ると、スケッチブックにそれらの絵を鉛筆で一時間も二時間も模写するのだった。

江古田の思い出

大学に入学した一九九五年に「相互履修制度」が学内でスタートした。それは日本大学の他学部の授業を受講できるだけでなく、単位までも取得できる制度で、もっと西洋絵画の勉強をしてみたいと思っていたぼくにとっては願ってもないチャンスだった。

二年次の履修登録表に「芸術学部」の「芸術史学」と書いて提出し、二年の四月からは木曜日の二限目が終わると、西武池袋線に乗って、日本大学芸術学部のある江古田まで毎週出かけるようになった。

レオナルド・ダ・ヴィンチやベラスケスといったポピュラーな画家はもちろん、「週刊グレート・アーティスト」を通してしか知らなかったジオットやフラ・アンジェリコ、マザッチオやファン・エイクといった画家の名前が老教授の口から次々に発せられることの喜びといったらなかった。

ぼくはいま、生まれて初めて、自分が勉強したいと思っていることを勉強しているのだ、と思った。

それまでは、親や先生にいわれて勉強をしていた。知っていないと恥ずかしいとされるものを学び、同級生たちが理解しているものを彼らと同じくらいのレベルで理解し、記憶してきた。そうした行為がつまらなかったとか、意味がなかったなどといいたいわけではない。ぼくは父親の助言によって、日本大学商学部の会計学科に進学し、毎日大学の教室で簿記の基本を叩き込まれていたが、その経験は間違いなく、いまの仕事に活きている。ただ、それだけだと、片落ちのように思うのだ。

商学部から芸術学部に移動するには新宿と池袋の二駅で乗り換える必要があり、教室へ向かっているときは寄り道する時間などなかったが、帰りは、江古田の古本屋や、西武池袋店の無印良品、リブロ池袋本店などに気ままに立ち寄った。

リブロのなかに店を構えていた、詩の専門書店「ぽえむ・ぱろうる」にしばしば足を運ぶようになったのは、コーデュロイのジャケットを羽織るくらいになった秋のころのことだ。

「芸術史学」の講義はルネサンスが終わり、バロックも終わり、印象派も終わって、二〇世紀初頭のさまざまな芸術の誕生が紹介されるようになっていた。それらはすなわち、表現主義や未来派、ダダイズムやシュールレアリズムで、これらについての講義は若いぼくのこころに火をつけるようだった。
老教授は授業の最初に数枚のA3のプリントを配り、そこにはそれぞれの主義の代表的な絵画や詩、芸術家たちの肖像がこまごまと載っていたのだが、たとえば、表現主義のプリントにはこんな詩が掲載されていた。

「衝動」アウグスト・シュトラム（本郷義武訳）

おどろく　さからう
こばむ　からまる
あえぐ　むせぶ
ひっくりかえる
きみ！
さけぶ　ほしがる
のたうつ　しがみつく
燃える　弱まる
ぼく　と　きみ！

ほどける　すべる
うめく　波うつ
消える　見つける
ぼくが
きみを
きみ！

恵まれていたのは、講義で聞いた作家たちの本が「ぽえむ・ぱろうる」に並んでいたということだ。

ぼくはしゃべる者などだれもいない静謐な小さな書店の一角で、トリスタン・ツァラの本を手に取り、アンドレ・ブルトンの本を手に取った。

日本大学芸術学部はぼくにとって初めての学びたいことを学べる学校であったが、書店もまた同じ意味において学び舎なのだった。

遠藤書店と大河堂書店

小田急線の経堂駅のまわりには三軒の魅力的な古書店があった。

ひとつは、植草甚一（当時はその名前を知らなかった）も通ったという老舗の遠藤書店。この古書店は駅の反対側の農大通りの脇に支店を出しており、本店が岩波文庫を軸に人文書や小説などを並べているのにたいして、支店はコミックや美術書などを中心とした、どちらかというとカルチャー寄りの品揃えだった。記憶では、その支店と、農大通りにあった大河堂書店の開店日はそんなに離れていなかったように思うのだが、どうだろう？

はっきりと覚えていないのは、そのころのぼくの思い出が大河堂書店と同じ並びにあった「レコファン経堂店」に集中しているからで、それは一九九五年から九七年のあいだである。

レコファンで出会ったCDのことを書こうと思ったら、この本の三分の一はそれらの思い出で埋まるだろう。ぼくはこの店でサニーデイ・サービスの『東京』を買い、ベックの『オディレイ』を買い、フィッシュマンズの『宇宙 日本 世田谷』を買ったのであり、週に二日はこの店へと続く階段を急ぎ足でのぼっていた。くだんの三軒の古書店に立ち寄ったのは、あくまでレコファンの帰りであり、めぼしいCDに出会えなかったときだけだった。

最初に「あっ!」と思ったのは、大河堂書店に並んでいた大江健三郎の『叫び聲』に出会ったとき。昭和三八年に出た本で、売値はたしか二〇〇〇円だった。物としての本のかっこよさに驚き、その佇まいが目に焼きついて離れなかった。

それからほどなくして、今度は粟津潔がデザインした学藝書林の『最初の衝撃』に出会った。売値は六〇〇円。そんな値段でこのかっこいい本が買えるのか、とびっくりした。

『最初の衝撃』は「全集・現代文学の発見」の第一巻であり、責任編集は、大岡昇平、平野謙、佐々木基一、埴谷雄高、花田清輝の五人だった。ぼくにはそのなかで大岡昇平の名前をかろうじて聞いたことがあったくらいの知識しかなかったが、「最初の衝撃」という、パンク・ロックのアルバムの帯に書かれているような言葉にも惹かれて、帳場にもっていった。

ぼくがその本のなかで出会ったのは、萩原恭次郎の「日比谷」という詩。出だしはこんなふう。

強烈な四角
　鎖と鉄火と術策
　　軍隊と貴金と勲章と名誉
高く　高く　高く　高く　高く　高く聳える
首都中央地点――日比谷

そして、詩はこんなふうに終わる。

彼は行く――
点
黙々と――墓場――永劫の埋没へ
最後の舞踏と美酒
頂点と焦点
高く　高く　高く　高く　高く　高く　高く聳える尖塔
彼は行く　一人!

彼は行く　一人！

日　比　谷

文学って、かっこいい。
二〇歳のぼくはそう思い、いまも変わらずそう思っているのである。

大学生

教室に座るぼくの目の前にはネルシャツを着たくせっ毛の男の子がいて、授業も聞かずに、「週刊ビッグコミックスピリッツ」を読んでいる。一八歳のぼくはその子の襟についている毛玉を見ている。

授業に集中しようとしても頭のなかには何も入ってこない。そればかりか、幻のようなものさえ見える。商業簿記の講義をする教授のすぐ横で、ふたりの若い男性が木のバットをもっているのである。

彼らは春の午前の光のなかで、バットを寝かせ、羽子板の要領で、硬球を互いに打ち返している。

ふたりのあいだは距離にすれば三メートルもない。その短い距離のなかを、ボールは小さな弧を描きながら、絶えず行き来している。

彼らがすこしでもバットのコントロールを失えば、ボールは軌道からはずれ、教室の静寂をやぶるだろう。

ぼくは手に汗をかきながら、そんなことをずっと思っている。


授業が終わると、どっと疲れる。

顔も名前も知らないたくさんの同級生たちの背中を見送りながら、リュックからウォークマンを取り出し、カセットテープのなかに几帳面におさめられている音楽に耳を澄ます。

次の授業がはじまるのは一〇分後。手持ち無沙汰なので、仕方なく一階のカフェテリアに行き、自動販売機でピクニックのカフェオレを買う。

フロアのテーブルはすべて占拠されているが、そのいくつかはギターやラクロスのラケットなどの荷物がおかれているだけで、椅子に腰掛ける者がいない。

あるテーブルでは四人の男子学生がみな、火のついたタバコを手にしており、あるテーブルは紺のスーツ姿の女子学生だけで埋まっている。

そのなかに、ぼくが隠れて「キムタク」と呼ぶ男の姿があり、思わず見とれる。

彼の格好はドラマ『若者のすべて』に出ていたころの木村拓哉にそっくりであり、髪の長さも、色も、どうしてそこまで似せることができるのだろう、というくらいに木村拓哉と同じだ。

彼のテーブルには、ほかに男子学生ひとりと女子学生ふたりが座っていて、くつろいでしゃべっている。

彼のほんとうの名前はなんというのだろう？　声も木村拓哉に瓜二つなのだろうか？

次の教室に向かいながら、そんなことをぼんやりと考える。


楽しいことがまったくなかったわけではない。

大学に入学して、最初の目標にしていた簿記二級の資格をとれたときは本当にうれしかったし、クラスメートと生まれて初めて飲み会をやったときは、「これからの大学生活はずっとすばらしい日々が続くに違いない」と信じ込んでしまうくらいに、すべてがきらきらと輝いて見えた。

そのクラスメートは名古屋から上京していた。彼は世田谷通り沿いのマンションで一人暮らしをしており、その日、ぼくを含めた同級生三人に買ったばかりのテレビやCDコンポ、ソファやベッド、洗濯機などをひととおり見せて、それから、「さあ、お酒でも買いに行こうぜ」といって、マンションの一階に店を構えるセブン-イレブンへぼくたちをいざなった。

二浪してそのあいだに何度も飲み会を経験しているだろう同級生がこなれた手つきで、六本入りのビールとジン、それを割るための炭酸水とコーラをカゴに入れた。テレビのCMでさんざん見てきたそれらのアルコールをこれから生まれてはじめて友人たちと飲むのだと思うと、それだけで笑いが抑えられなかった。

彼らとは授業が終わったあとにカラオケに行ったこともあった。

このころは歴史上もう二度と繰り返されることはないであろう規模で音楽ソフトが売れていた時代で、同級生たちはたった二曲しか入っていないシングルCDをレンタル店で山のように借りたり、買ったりしていた。彼らはそれを家で練習し、カラオケルームで「今日、これからはじめて歌うんだ」といってマイクを握るのだ。

どんなに寡黙な学生でも、どんなにふざけた態度しか見せない学生でも、カラオケではみな一所懸命に歌をうたった。

「夢をあきらめない」とか、「あの恋を忘れない」とか、ふだんは絶対にいえないようなことも、マイクをとおしてであれば、他の学生たちに素直に伝えることができた。

ぼくはカラオケでは、いつもモニターに映る歌詞を真剣に読んでいた。そこには何かしらの真実があるような気がしたし、歌の歌詞を深く読み込むことで、同級生たちのこころを深く理解できるような気がしていたからだ。

『風の歌を聴け』

ある日、大学の友人が「村上春樹読んだことある？」とぼくに聞く。

ぼくには『ノルウェイの森』を書いた人だ、ぐらいの認識しかない。

正直に、ない、という。

「じゃあ、龍は？」

「ない」

「もったいない」

「ほんと？」

『ねじまき鳥クロニクル』を読んでみてよ。やばいから」

それから、会う人会う人に、村上春樹って読んだことある？　と聞く。

ほとんどの人が読んだことがなかったが、ひとりが『風の歌を聴け』を傑作だ、といい、もうひとりは『ノルウェイの森』の上巻を読んだけどよくわからなかった、という。さらにもうひとりの人は、読んだことないけど、あんなのは文学じゃない、と吐き捨てるようにいう。

大学の購買部で、彼のデビュー作『風の歌を聴け』を買う。税抜四〇〇円。一六〇ページのとても薄い文庫本だ。けれど、これまで買った本のなかで、もっとも若い作家の本だから、それだけでちょっとした冒険をしたような気持ちになる。

その日のうちにさっそく、二、三の友人に、「今日、村上春樹の小説を買ってみたんだ」と打ち明ける。

友人たちは、そうなんだ、おもしろかったら教えてね、という。

夜、母が食器を洗っている横で、文庫本を開く。

物語は「完璧な文章などといったものは存在しない。完璧な絶望が存在しないようにね」というひとりの作家の台詞からはじまる。

いいな、と思う。

なんだか、とてもかっこいいな。

さらに数ページを読む。デレク・ハートフィールドという作家が出てくる。いまでこそ、この作家が虚構のなかの人物だということを知っているが、当時はそういう作家が存在しているのだと信じて疑わない。

デレク・ハートフィールドはエンパイア・ステート・ビルの屋上から飛び降りたのだと書かれ

ている。右手でナチス総統の肖像画を抱き、左手に傘をもって。

こころが痛む。けれど、不思議とこころが満たされるような気持ちにもなる。なぜだろう？

ぼくは本を読むのをやめる。

村上春樹って、こんな感じなんだ。

そうわかっただけで、ぼくにはじゅうぶんすぎるくらいの収穫なのだ。


次の日もまた、夕食後に『風の歌を聴け』を読む。

昨日読んだ続きからではなく、最初から。

その次の日も、三日後も、四日後も。

でも、何度読んでも、二〇ページより先に進まない。主要人物の「鼠」との出会いのところで、毎回行き詰まる。

つまらないというのではない。肌にあわないというわけでもない。ただ、こころがクタクタに疲れてしまうのだ。

大学の教科書と、一〇冊ほどの文庫しか入っていない自室の書棚に『風の歌を聴け』を差し込む。

この本だけが講談社文庫で、あとはすべて新潮文庫だ。村上春樹の黄色と白の背がすごく目立つ。

なにか新しい本を買って読もうという気持ちにはならないし、むかし読んだ本を再読しようとも思わない。

一ヶ月も、三ヶ月も、一ページも本を読まない。

大学の授業に出席し、ゼミの課題に取り組み、サークルに顔を出す。

そのあいだも、ずっと『風の歌を聴け』のことが気になっている。

村上春樹を推薦してくれた友人とはなんとなく気まずくて、話をしない。「村上春樹読みはじめたけど、おもしろいね」などといってしまった手前、読了した感想を聞かれるのではないか、とおそれているからだ。

たまに、彼とぼくと、なにが違うのだろう？　と考える。

なにか本を読むコツというものはあるのだろうか？

思い切って、友人にそのことを聞いてみたいが、そうすると、ぼくのほうが彼より劣っていると認めているみたいで、気がとがめる。

近所の公園に『風の歌を聴け』を持っていき、ベンチに腰かけて読みはじめる。

すこし黄味がかったページの上に、木漏れ日がゆらゆらと揺れる。最初の方こそ、それを好ましく感じたが、次第にその光が気になりはじめ、文章が頭のなかに入ってこなくなる。

翌る日は、チェーン店のカフェへ行く。となりのカップルがぼくのことをどう思っているのか、そればかりが気になり、数行の文章をどうしても読むことができない。

本を読めないことと、学力は関係するのだろうか？　そんなことまで真剣に考える。東大や早稲田や慶應に進学した学生はぼくのような困難を経験しないのだろうか？　彼らは中学時代ぐらいから村上春樹をすんなりと読み、トルストイやドストエフスキーを読んだりして、それで気づかぬうちに夜更かしをしたりするのだろうか？

駅の近くの本屋へ行く。

講談社文庫の村上春樹の棚は、以前とはだいぶ違って見える。

そればかりでなく、講談社文庫の棚全体がなんとなく以前より近しく感じられる。

ぼくは『風の歌を聴け』をさがす。

あった。

ぼくがもっている本と一緒だ。

その横には『1973年のピンボール』という本がある。『羊をめぐる冒険』と『ダンス・ダンス・ダンス』はともに上下巻。

村上春樹の横は村上龍だ。『限りなく透明に近いブルー』と『コインロッカー・ベイビーズ』というタイトルは、どこかで耳にしたことがある。

これらの本が読めたら、どんなにすばらしいことだろうか、と思う。ぼくはきっと、いまより賢くなって、いまよりもっと、いろんなことを理解できているはずだ。

小説を読みたい。

たくさん読みたい。

評論も読んでみたい。

英語の本も原文で読んでみたい。

本屋に来ると、さまざまな欲望が次々と湧いてくる。

ぼくはもっと、立派な人間になりたい。

でもいまのぼくはまだ、一五〇ページの小説に完全にお手上げなのだ。

『風の歌を聴け』を数日に一度、手に取り、パラパラとめくる。

大学でたのしいことがあった日も。そうでない日も。

いくつかの文章は、諳《そら》んずることができるくらいに記憶に残る。そこに書かれていることが気に入った、というよりも、作家の文章が自分の記憶とどこか遠くで交差して、絡み合い、離れなくなってしまったような感じ。

走り幅跳びの助走のように、それまで読んだところを再読し、文章を読む勢いをつけてから、未読のページへと挑む。

そうすると、ゆっくりとではあるが、読書がすすむ。今日は三行読んだ。今日は一ページ読んだ。今日は三ページ読んだ。というふうに。

作家の呼吸と自分の呼吸がすこしずつ重なっていくのを感じる。

もちろん、初めて読んだその日から、波長が合う文章というものもあるのだろうが、最初は読みにくいなと思っていた文章が、だんだんと心地よいものに変わっていき、やがて自分のお気に入りの文章といえるぐらいまでに好きになるという経験は格別だ。

そして、ある日突然、三〇ページも、五〇ページも、『風の歌を聴け』が読める。

読みはじめてから半年間で「折り返し点」にも辿り着かなかった小説を、ぼくはなんと、たった二日で読み終える。

ほんのすこしのあいだ、呆然とする。

そしてやや遅れて、経験したことのない大きな感動がやってくる。

本を読むコツ

高校二年生の現代国語の授業で、先生が「では、はじめます」といったすぐそのあと、いちばん前に座るA君が、「先生、ぼく、夏休みにカフカの『変身』を読みました」といった。ベテランの先生は、「おっ」という顔をして、A君に「おもしろかったか?」と聞いた。A君ははっきりとクラスメートたち全員を意識しながら、『変身』のあらすじをかいつまんで話し、それから、「けっこう、おもしろかったです」とこたえた。

ほかのクラスメートたちがA君のことをどう思ったのかはわからない。もしかしたら、その何人かはA君の読書に触発されて、カフカを読んでみようと考えたかもしれない。でも、一七歳のぼくは「いやだな」と思った。『変身』を読んだことを自己アピールの手段にする同級生をこすっからいと思ったし、そもそも、部活に日々明け暮れているA君に文学の価値なんてわかるはずがない、とも思った。

その年の冬、今度はふだん音楽の話をよくするクラスメートが、昼休みに安部公房の『壁』を読んでいる場面に出会《でくわ》した。

「おもしろいの?」と聞くと、友人はこちらの目も見ず、読書を邪魔するなとばかりに、「おもしろい、おもしろい」と早口に返した。

そのふたつの思い出は、高校生のぼくの心にはっきりとした染みとなって残った。彼らがぼくより年上であったなら、ぼくはただ単に読書にあこがれ、文学もおもしろいのかもしれないな、と思うぐらいで終わったのかもしれない。あるいは、それが小中学校の教室での出来事であれば、ぼくはそんなことすらも感じていなかったかもしれない。

でも、ふたりの同級生は同じ偏差値の高校に通う、同じくらいの成績の同級生であり、そのことがぼくにコンプレックスを抱かせた。

それから一年半後、団地に隣接する商店街の書店で、夏目漱石の『三四郎』と、武者小路実篤の『友情』、ヘッセの『車輪の下』、そしてトルストイの『光あるうちに光の中を歩め』を買った。大学一年生の夏休みというあり余る時間のなかで、ぼくはそれらをすべて読了し、文学っておもしろいな、と思った。

そこからまた違う文庫本にすぐに手を伸ばせば、もしかしたら、ぼくは一端《いっぱし》の読書家ぐらいになっていたのかもしれない。

でも、一九歳のぼくは、あたらしい文庫本を書店で買うより、自分でも何か書いてみたいと思った。

そうして、いざ何かを書きはじめると、もう以前のように文章を読むことができなくなっていた。

作家の言葉の使い方ひとつひとつが気になって、なんというか、文章をひとつのかたまりとして理解できないのだった。それはどんなに平易な文章にたいしても同じで、大学生のぼくは本を一、二ページめくるだけで息が苦しくなった。

吉行　三浦朱門がうまいことをいってね。むかし。僕の作品についてね。その部分はね、あの男頭がいいな。目をつぶって法華経の太鼓をドンドコ、ドンドコ叩いてね、耳を聞こえなくしちゃって、川を渡っちゃうというようなときがあるでしょう、いまのいろんな作品にもある。そこを指摘されて、僕はまいったことがあるんだけれどもね。(略)

安岡　ドンドコ太鼓を叩くというところに結びつけていえばだな。やっぱり島崎藤村なんていうのは、詩集があるだろう。あれは太鼓は叩いていないよな。あとはもうずっと太鼓の叩きっぱなしだったんじゃないかね。

吉行　太鼓を叩く表現がちょっと短かったから、もう一度繰り返しますけれども。安岡の発言とうまく合うからいいけれども、太鼓を叩くことによって自分の耳を聞こえなくさせて、それで、川を渡っちゃうわけだ。聞こえると川に踏み込めなくなるわけだ。

安岡　やっぱり太鼓を叩きながら行ったんじゃ、耳が聞こえなくなるということはどうしたって弱味だよな。

吉行　だからだめなんだよ。それはもう痛烈なる弱点指摘だよね。

安岡　だけれども長篇書こうとしたら、やっぱり太鼓が必要だぜ、これは（笑）

長い読み物をまったく読むことができなかったから、ぼくはせめてもの慰みで、古本屋で作家たちの対談集を買って、それをパラパラと読んでいた。

先に引用したのは一九八八年に刊行された『安岡章太郎対談集1』という本のなかの一節で、安岡はそこで、ざっくばらんに吉行淳之介と短篇小説について語り合っている。

ぼくはふたりの言葉を読み、そこにヒントを見出した。

救われた、といってもそんなに外れてはいない。

吉行の友人であり、同じ「第三の新人」の仲間である三浦朱門は、吉行のある作品について「太鼓を叩いている」といった。つまり、吉行は、耳をふさぎ、感覚を麻痺させて、小説を紡いでいると指摘した。

けれど、安岡が冗談めかして答えているように、太鼓を叩かなければ、長い小説は書けない。いろんなものが目に入り、聞こえると、とてもではないが、「川」に足を踏み入れることはできないのだ。

単純なぼくはふたりのやりとりを読んで、本を読み続けるためには、ときに耳をふさいで、川を渡り切るような気持ちをもたなければならないのだ、と思った。

それからは本を読んでいるとき、耳をふさぐようになった。

それはもちろん比喩としてであり、実際には耳をふさいではいないのだが、たとえば頭のなかに文章が全然入ってこないときや、単純に文章の意味がわからないとき、ぼくはそのことおそれず、どんどんとページをめくるようになった。その感じはまさに、太鼓をドンドコ叩いて川を渡るようであり、目をつむって長いトンネルをくぐり抜けるような感じでもあった。

最後までそのようにして読んだ本もあったし、突然光が差し込むように、意味を摑むことができ、また最初のほうから読み返す本もあった。

身も蓋もない「本を読むコツ」だが、その心構えのおかげで、ぼくはどんなに長い本や、難解な本にたいしても、臆することがなくなったのだ。

文芸研究会

はじめてノートに詩を書いてみたのは、大学一年生の秋だ。

日々の不安と、それとは真逆の、美しいものにたいする強烈な憧れのようなものを表現したくて、ある日ノートに向かった。

参考にしていたのは、いくつもの洋楽のCD。

ぼくの頭のなかにはいつも、たくさんのすぐれたメロディがあり、ジョン・レノンやジョージ・ハリスン、レイ・デイヴィスやジョー・ストラマー、ミック・ジョーンズといったミュージシャンたちの情熱的で、やさしい歌声があった。

ぼくが音楽から受け取っているものを適切に言語化できれば、今すぐにでもすばらしい詩が書けるはず。

そう思って毎日鉛筆を握るのだが、いつまで経っても、ふさわしい言葉は頭に浮かんでこなかった。

同じころ、詩をどうやって書くかを学びたくて、文芸研究会というサークルに入部した。

そこは口下手な男子学生しかいないとても小さなサークルで、ぼくはその年に部室の扉をノックした、ただひとりの新入部員だったから、驚くくらいに先輩たちから歓迎された。入部した日の週末にはさっそく祖師ヶ谷大蔵の居酒屋で歓迎会がひらかれ、彼らから矢継ぎ早に「いまなにか書いてるの?」とか、「最近なに読んでるの?」などと聞かれた。

ぼくはなにも読んでいなかったし、詩は書いていたけれど、満足できるものをひとつも書くことができていなかった。

けれど、不思議と自信はあった。

それはいま思えば、「ビートルズがすばらしいから、そのビートルズを好きなぼくもすばらしい」というような思い込みであって、実際のぼくのなかにはなにもなかった。

文芸研究会の部室は大学のサークル棟の地下一階にあった。部室にはたいてい先輩が二、三人いて、彼らは購買部で買ったパンを食べたり、タバコを吸ったり、ラジカセで相川七瀬やニルヴァーナのCDを聴いたりしていた。

テーブルには連絡用のノートとワープロ、それと吸い殻であふれた灰皿があり、部室にやってきたものはまず最初に、連絡用のノートを手にとった。そこには部費のことや、「学祭実行委員会」からのお知らせといった連絡事項も書かれていたが、それ以上に、書き殴られた詩と、どこから引用してきたのかもわからないたくさんのアフォリズムがページを埋めていた。

スマートフォンどころか、携帯電話を持っている学生も数えるくらいしかいない時代だったので、ぼくたち部員は手持ち無沙汰になると、そのノートを開き、それらの詩とアフォリズムを何度も読むのだった。それこそ、諳《そら》んじることができるくらいに。

ぼくは、部室にだれもいないときには、こっそりとワープロの電源を入れて、ローマ字入力で文字を打った。

自分の言葉が手書きの拙い字ではなく、美しい明朝体でモノクロのモニターにあらわれるのが新鮮で、ぼくは毎回、画面に向かって「僕は」と打ち、そのあとに続く文章やら、詩の語句やらをいつまでも空想するのだった。

家電量販店に置いてある見本のワープロの画面にも、東急ハンズやロフトといった大型小売店にある文具用の試し書きの紙の上にも、ぼくは「僕は」と残した。

こころのなかには間違いなく表現したいことがあるのだけれど、実際に書けることといったら、そのころは「僕は」くらいしかなかった。

大学二年生になり、三年生になると、ぼくもまた先輩たちと同じように、連絡用のノートに無記名で詩やアフォリズムを書き残すようになった。

ある日、先輩がそれを読み、「おまえ、おれのことを馬鹿にしてるだろ」と詰め寄った。

「馬鹿にしていません」ぼくはしどろもどろになっていった。

「じゃあ、これはどういう意味なんだ」先輩は連絡用ノートをぼくに突きつけた。

「先輩のことを書いたわけではありません」

「でもこれは、完全におれのことだ」

先輩が怒るのも無理のないことだった。ぼくが残したその落書きは間違いなく先輩を揶揄したものであり、ぼくは先輩にたいして嘘をついているのだった。

では、なぜそんな白々しい嘘をついたのかというと、怒られたくないという気持ちもあったが、ぼくはそのころ、先輩だけでなく、大学に在籍しているすべての学生を下に見ていたのだった。

当時愛聴していたフリッパーズ・ギターの「午前3時のオプ」という曲に「軽蔑と憧れをごらん」という印象的なフレーズが出てくるが、二一歳のぼくのなかにあったのもまた「軽蔑と憧れ」で、おそろしいことに、そこには中間というものが存在しなかった。

可能ならば正々堂々と、「先輩だけを馬鹿にしていたのではありません」といいたかった。

でも、ぼくはなにもいえなかった。

Ｉさん

文芸研究会では、毎秋、文化祭にあわせて「砧《きぬた》文学」という同人誌をつくった。二年生のときにぼくはここに詩を寄稿し、三年生のときは小説を寄稿した。ぼくだけでなく、文芸研究会に所属していた学生はみな、一年中、この「砧文学」のことを考えていたように思う。

制作費は大学からの補助金でまかなうことができたので、学生たちは自分の創作だけに専念することができた。

文化祭のころになると、印刷会社の営業担当者と図書館の談話室で打ち合わせ、今年は〇〇ページになる予定で、〇〇部つくりたいです、と伝えた。

入稿三日前くらいになると、登戸に住んでいたA先輩のアパートに泊まり込み、編集作業をおこなった。

文字を入力するのが得意な同級生が手書きの原稿をワープロに打ち込み、ファミリーマートの弁当や、マクドナルドのハンバーガーを食べながら、感熱紙に打ち出された原稿をそれぞれがチェックした。

ものをつくるということの喜びに最初に触れたのはこのときであり、ぼくはいまでも、あのときに食べたハンバーガーの味や、部屋中を満たしていた紫煙がなつかしくてならない。

「砧文学」が完成すると、文化祭のパンフレットの横にいっしょに置いてもらい、来場者たちに配布をした。

無料だから、毎年、二〇〇部、三〇〇部があっという間になくなった。

駅のゴミ箱に無惨に突っ込まれている姿も目にしたが、だれもそのことを気にしなかった。

それよりも、同人誌ができあがったことの高揚感のほうがはるかに大きかった。

文化祭では「砧文学」の配布とともに、駄菓子を販売した。

それは来場する地域の人たちのためのもてなしであり、文芸研究会の先輩たちから代々受け継いだ仕来たりでもあった。

父母に連れられて文化祭にやってきた幼児たちは駄菓子をとてもよろこんだ。けれど当たり前だが、「砧文学」には微塵《みじん》も興味を示さなかった。子どもだけでなく、若い父も、母も。

まれに、人をかきわけて、ぼくたちのブースを目がけて一直線に歩いてくる人がいたが、彼らはみな文芸研究会のOBなのだった。

彼らは一様に、「なつかしいな」とか、「いまでも『砧文学』つくってるんだ」などと話しかけてくれるのだが、ぼくたちはただニコニコするだけで、一〇分もその相手をつとめることができなかった。

OBたちもぼくたちと同じように内気な人が多かったから、あまりしゃべらなかった。

けれど、例外がふたりだけいて、それはMさんとIさんだった。

ふたりは文化祭になると、毎年ぼくたちのブースに立ち寄り、それだけでなく打ち上げまでつきあい、会計のときは必ず財布から一万円札を差し出した。

Mさんはぼくたちより一〇歳以上年上で、一九九七年の時点でインターネット関係の会社を運営し、企業のホームページ制作を生業としていた。つまり、目先が利く人で、不景気な世の中でも自分の仕事をみずからの手でつくることができる人だった。そういう人だったから、ぼくたちに一年ぶりに会っても、「おお、島田、元気か?」、「N、おまえちゃんと授業に出てるのか?」などと、すべての部員たちの名前をひとりひとり口にして、部員たちをよろこばせることを忘れなかった。

一方、Ｉさんは声の小さな人だった。ぼくたちに話しかけるときはすぐそばまで来て話し、一対一で本のことを話すことを好んだ。

Ｉさんには翳《かげ》があった。口の悪い同輩は、Ｉさんが勤め先の証券会社で顧客から訴えられているからだ、とぼくに小声で伝えた。

なぜか、文芸研究会には証券会社に勤める人が多かった。先輩たちはみな、内気な自分の殻を破りたいと願ったのか、あるいは、ただ単にそのころは証券会社の求人が多かったのか、いまもよくわからないのだが、すくなくとも、Ｉさんは大学職員か、経理課で一日中電卓を叩いている人のように見えた。

「最近、なに読んでるの？」

Ｉさんは会うと必ず、ぼくに聞いた。

ぼくはＩさんが喜んでくれそうな作家の名前をこたえたくて、自分がその一年間で買ったもっとも難しそうな作品の作家の名前を口にした。

そうすると毎回、Ｉさんはとてもうれしそうな顔をするのだった。

大学を卒業したばかりのころ、ぼくはＩさんに面と向かって聞いた。

「Ｉさんは証券会社の営業マンなんですよね？」

Ｉさんはコップに入ったビールを口にしながら、「そうだよ」といった。

「すごく忙しいですか？」

「うん。すごく忙しいね」

それから、ぼくは一呼吸おいて、自分がいちばん聞きたかったことを口にした。

「そんな生活環境のなかでも、本って読めるんでしょうか？」

Ｉさんはすると、それこそがきみにいちばん話したかったことなんだ、というような顔で、ぼくに次のように話した。

「月曜日から金曜日までめちゃくちゃ忙しいし、お昼もろくに食べられないこともあるんだけど、そういうときもぼくは、立ち食いそば屋でそばをかき込みながら、プルーストを読んだ。谷崎訳の『源氏物語』も全部読んだし、『カサノヴァ回想録』も全部読んだ。それがぼくのエネルギーになったし、いまも文学のことを考えることがぼくのよろこびだ」

ぼくの人生を決定づける一言があるとしたら、このときのＩさんの言葉がそれにあたるだろう。

ぼくは『失われた時を求めて』も、『源氏物語』も、『カサノヴァ回想録』も読んだことがなかったが、Ｉさんの言葉を聞いて、いつか必ずそれらの長篇を読もうとこころに決めた。

Ｉさんはそれらの古典がいかにすばらしいかをぼくに伝えた。

でも、ぼくにとっては作品の内容よりも、立ち食いそば屋でそばをかき込みながら、分厚い文庫本を読むIさんのイメージのほうが重要だった。

そんなことが可能なんだ、と思った。


その年の冬、Iさんは文芸研究会の後輩たちを善福寺の自宅に招いた。

「これをきみにプレゼントするよ」

Iさんはそういって、河出文庫の『カサノヴァ回想録』全一三巻を紙袋に入れてぼくに渡した。

そして、「いまはこれがおもしろいんだ」といって、中村真一郎と入沢康夫が監修している『ネルヴァル全集』を見せてくれた。

何周も遅れて、ぼくはいまもずっと、Iさんの背中を追いかけている気がする。

すべての些細な事柄

一九九八年の夏、渋谷の映画館でニコラ・フィリペールの『すべての些細な事柄』というドキュメンタリーを見た。

患者や家族、医師だけでなく、だれもが自由に出入りできる精神科の療養所の日々を撮った、とても静謐な映画だ。

入所者たちは年に一度開催されるオペレッタの練習を繰り返し、やがて本番の日が訪れる。

ぼくは、なぜこんなにもこころを奪われるのだろう、と自分でも不思議に思うくらいにこの映画に感動し、それからしばらくは、映画のいくつかのシーンのことばかりを思い出していた。

あの映画のなかにはとても大切なことが含まれているように思えるのだが、それはきっと、『すべての些細な事柄』というタイトルとも深く関係しているのだろう。

大学生のぼくはまだ、だれかに誇って語れるようなことを、なにひとつ経験していなかった。

だれかにそっと打ち明けるような話さえ、ひとつもなかった。

すべては「些細な事柄」であり、ぼくは親や友人たちに語るに値しないだろう小さな記憶を思い出しては、不思議な気持ちになったり、恍惚となったりした。

そのころのぼくは、授業で週に一度だけ一緒になる、名前も知らない同級生のことが気になっていた。

彼女は長い髪で、どちらかというと顔がゴツゴツとしていて、目元は涼しげだった。講義がおわったとき、大教室の階段のところで一度だけ目があった。どういうわけか、それだけで、ぼくはすっかり彼女のファンになってしまった。

四年生になるまで、彼女を一度もキャンパスで見たことがなかったし、授業で一緒になったこともなかった。

印象に残る顔と残らない顔があるとしたら、彼女の顔はぼくにとって一目見たら忘れられない顔だから、ぼくは彼女を大教室で見かけるたびに、いままで彼女はいったいどこでなにをしていたのだろう？　と思うのだった。

ありもしない記憶をさぐって、大学に入学したばかりの彼女の姿を思い出そうとこころみ、そのたびになぜか、満たされるような気持ちになった。

彼女はぼくの視界から遠く外れたところで、履修表を眺めたり、学食のテーブルでカレーを食べたり、レモンティーを飲んだりしているのだった。

夏休みがはじまったばかりのころ、文芸研究会の先輩に呼び出されて、夜通し酒を飲んだ。先輩は、初めて行った合コンが勉強になったといい、おまえたちも機会があれば絶対に行ったほうがいい、と語った。

先輩の部屋にはぼくのほかに一年生の後輩がふたりいた。そのうちのひとりが、本気かどうかわからないが、合コンの心得のようなものを先輩にやたらと質問をした。ぼくともうひとりの一年生はビールをちびちび飲みながら、それをずっと聞いていた。

要は、先輩は合コンで童貞を捨てたのだった。その日に初めて会った女性と居酒屋で盛り上がり、彼女にリードされる形でラブホテルに行き、一緒にお風呂に入って、そして朝まで眠ったのだった。

うらやましいな、とは思わなかった。それよりも、先輩はよくその合コンの雰囲気に打ち解け、さらに短時間でひとりの女性と仲良くなれたな、と思った。

先輩はニルヴァーナの熱心なファンで、なにかといえば、ロックは死んだ、とかそんなことばかりを後輩たちに語った。

でも、それはあくまで先輩が大学生だったころの話で、社会人一年目の先輩は、会社の同僚や得意先に「ロックは死んだ」なんておくびにも出さないのかもしれなかった。


先輩のアパートで一眠りし、六時過ぎに家へ帰るために自転車にまたがった。

そして、最初の角に差し掛かったとき、ぼくは「大教室」の彼女を見かけた。

彼女はTシャツとジャージのパンツという姿で、真剣な表情で集積所にゴミを捨てていた。

ぼくはペダルをこぎながら、それを見つめた。

時間にすれば、五秒もなかった。


すべては些細な事柄だった。

あのとき、ぼくは彼女と話をしたわけでもなかったし、その後も一度も彼女と話をすることはなかった。

でもその些細な事柄がずっと新鮮な像を保ったまま、ぼくのこころにいつまでもあるのである。

ぼくは先輩が乗っていた黒いスクーターを覚えているし、ニルヴァーナのCDがいつもプレイヤーにのっていたAIWAのラジカセを覚えているし、いっしょに食べたびっくりドンキーハンバーグランチの味も覚えている。

それらはいつも記憶の底にあり、思い出されることはほとんどないのだが、初夏の彼女の姿を思い出すと、いっしょにぼくのこころに浮かび上がってくる。

なつかしいというのではない。それらはもっと生々しく、二五年を経たいまも、あのころの空気や匂いを当時のまま、ぼくに伝える。

ひとりで見たたくさんの景色。木や川や夕日や星。テレビのワンシーンや、漫画の一コマ。友人が居酒屋の前で会計が終わるのをぼんやりと待っている姿。深く眠る姿。バックシートから眺める父の運転姿。助手席でなにかを食べる母の姿。

日々の生活でほとんどのことは語るのに値しない。それらはぼくひとりだけが見つめ、あるいは耳を澄ませ、匂いを嗅ぎ、認識した途端に忘れさられ、ふたたび思い出されることはない。

そうしたその人だけしか見ていない景色や、あるいは、その人だけが何度も思い起こすメディアのなかの風景が、まれに会話のなかや、音楽のなか、小説のなかで、だれかの思い出とぴたりと重なり合うことがある。

シチュエーションも、相手も、場合によれば、時代も、国籍も違うのに、「あ、これはぼくがあのときに見た風景と同じだ」と思う。しかも、それはたいてい、「些細な事柄」においてなのだ。

『失われた時を求めて』全一〇巻（ちくま文庫・井上究一郎訳）を読み終えたときの感動を、ぼくは生涯忘れることはないだろう。

この小説のなかには、ぼくが経験したすべての「些細な事柄」が描かれているようであり、それが五〇〇〇ページ以上にわたって途切れずに、連綿と続く。

紅茶に浸したマドレーヌからはじまる有名な「スワンの家のほうへ」（第一篇）や、中盤の見せ場といえる「ソドムとゴモラ」（第四篇）もすばらしいが（I先輩もこの章が好きだといっていた）、ぼくは死んでしまった恋人アルベルチーヌにたいする思いが延々と続く「囚われの女」と「逃げさる女」（第五、六篇）がもっとも好きだ。

ここには、自分が経験し、感じ、想像したすべてのことを、どんな微細なこともひとつ残らず文章にして表現してみせる、というような作家の気魄がある。

文章は美しく、まるで呼吸をしているようで、たとえプルーストがこの世にいなくても、『失われた時を求めて』という書物があるかぎり、作家は永遠の命を保持しているかのようだ。


「人間の存在はただ瞬時の連続を一つにとりあつめたものからしかなりたたないというのは、存在にとってはなるほど大きな弱みである、しかしまた大きな強みでもある、それは存在が記憶に依存するという点なので、ある瞬間の記憶は、そのときからあとで何が起こったかについてはいっさい関知しないが、記憶が記録したその瞬間は、いまなお持続し、いまなお生きつづけるのであり、その瞬間に側面を見せていた存在は、その瞬間とともに持続し、生きつづけるのである。それからまた、存在のこの細分化は、死んだ女を生きつづけさせるばかりでなく、何人もの数にふやすのだ。私が自分でなぐさめをえるには、一人のアルベルチーヌではなくて、無数のアルベルチーヌを忘れなくてはならなかったであろう」（第九篇「逃げさる女」）

若いぼくは何度もため息をつきながら、『失われた時を求めて』を読んだ。

これ以上にすばらしいという小説をぼくはまだ読んだことがないし、これからもきっと、読まないだろう。

「アリー、僕の身体を消さないでくれよ」

若いぼくに力を与えてくれたのは文体だ。

文章ではなく、文体。

知恵や経験、物語よりも先にある、作家の脈拍のようなもの。音楽でいうところの「ビート」のようなもの。

その作家の文体に慣れ親しんでしまえば、作家の作品はなんだって楽しむことができる。どんな長いものも読むことができるし、どんな掌編であっても、その独特の味わいを見つけることができる。

一言でいえば、心地よいのだ。

それは世間一般でいう、「おもしろい」ということではないし、ためになるということでもない。「文体なんて関係ない、おもしろいものさえ読めればいい」という読書家もいるし、その本になにが書かれているかこそが大切なのだ、という意見は少数派どころか、そちらのほうがマジヨリティだろう。

でも若いぼくにとっては、文体こそがすべてだった。

大袈裟なものいいをすれば、自分の存在の根幹にかかわるようなことでもあった。

二〇歳ぐらいのときは、自分に個性というものがあると思っていた。

もちろん、それは生まれたときからあるのだ。

でもその個性は、世界のなかでぼくひとりにだけしかできない「なにか」を与えてくれることはない。

ぼくは、ぼくひとりにしか書くことのできない文章を書くことはできないし、ぼくひとりにしか歌えないような歌声でなにかを歌うことはできない。でもそのことが、若いときはまるで理解できない。

すぐれた音楽を聴けば、自分がその音楽のいちばんの理解者だと思う。同じように、すぐれた文章を読めば、自分がそのもっともよき理解者だと信じる。

「とにかく、僕は、ネクタイも何もなしに、五番街を北に向かってどこまでも歩いて行ったんだ。すると、突然、とても気味の悪いことが起こり出したんだよ。街角《まちかど》へ来て、そこの縁石から車道へ足を踏み出すたんびに、通りの向こう側までとても行き着けないような感じがしたんだな。自分が下へ下へ下へと沈んで行って、二度と誰にも見えなくなりそうな気がするんだ。いやあ、こわかったねえ。君には想像できまいと思うよ。馬鹿みたいに汗が出てきてね――ワイシャツも下着も何も、ぐっしょりさ。そこで僕は、別なことをやりだしたんだ。街角へさしかかるたんびに、弟のアリーに話しかけてるつもりになって「アリー、僕の身体《からだ》を消さないでくれよ。アリー、僕の身体を消さないでくれよ。アリー、僕の身体を消さないでくれよ。お願いだ、アリー」と、そう言ったんだ」

野崎孝が訳したサリンジャーの『ライ麦畑でつかまえて』を読んだのは大学を卒業してすぐのことで、読んだのはたった一度きりだ。

でもそれは四半世紀経った今でも、こころの底に変わらずある。冒頭の「脈拍」という比喩になぞらえていうならば、あのとき、ぼくはまるで作家の血を輸血したような感じなのだ。

二〇代のぼくはサリンジャーの用いた一人称に完全に同化し、作家の文体でもって、身の回りを眺め、自分を見つめ、これまでの来し方をじっと見つめた。

それは本を読んでいるあいだだけではなかった。とても長いあいだ、ぼくは小説の主人公、ホールデン・コールフィールドのような気持ちをもって日々をすごした。

大学三年生の冬、新聞記者になりたい、と思い、一念発起して、東京の郊外にあった新聞記者専門の「就活塾」に通った。でも、そこでの日々は苦痛でしかなかった。

ある学生はぼくのことを「感性の人」だといった。もうひとりの学生はぼくのことを「内に閉じ籠もって外の世界に出てこようとしない人」だと断じた。

忘れもしない、あるベテラン記者が塾にゲストに来たときのこと。その記者が話の枕として、趣味は釣りだといい、ここに来る前も磯釣りにいっていた、と話した。

そのとき、ひとりの学生が、「先輩、「ちょうか」はどうでしたか?」と聞いた。すると、元新聞記者の塾の主催者が立ち上がり、「いま、○○くんが「ちょうか」といったけど、この言葉の意味がわかるやついるか?」といった。

二〇人の学生はだれも手を挙げなかった。

ぼくもわからなかった。

「「ちょうか」というのは「釣り」という字に、結果の「果」で、「釣果」と書く。社会人になれば、ましてや記者になれば、毎日いろんなタイプの人間とつきあわなければいけない。「釣果」という言葉を知らなければ、それだけで取材相手から信頼されないこともある。よく覚えておくように」

おそらくこの日、そこにいた大学生のすべてが「釣果」という言葉を知り、そしてそれからずっと忘れなかったと思う。

でもぼくはそれよりも、これ見よがしに「釣果」という言葉をつかった学生のことが忘れられなかった。

彼はぼくよりも偏差値の高い大学に通い、時事に通じ、プレゼンも、模擬面接での立ち振る舞いも頭ひとつ抜けていた。

彼のような学生が新聞記者になるのだな、と素直に思えた。

世の中には「規範」というものがあり、お手本とすべきような「態度」があり、「流行」のようなものがある。

文章にかんしてもそれはきっと同じで、国語の教科書に出てくるような、あるいは「SPI」に出てくるような文章の「規範」のようなものがあり、文章を書きたいと思う人たちが意識的、無意識的に真似る文章の「流行」のようなものがある。

そうした「規範」、あるいは「流行」にのっとって文章を書けば、コミュニケーションはとてもスムーズだ。みんなは立ち所にこちらの意図をわかってくれるし、ぼくという人間がどういうキャラクターなのかを理解してくれ、共感までしてくれる。

でも、そうした文章で自分のことを説明したり、自分のことを理解しなければいけないのが、苦しいときがある。

ぼくはだれにも似ていない、たったひとりの個人であるはずなのに、意味の通じやすいそれらの言葉をつかって自分のことを説明しようとすればするほど、自分が自分でないような気がしてくる。

言葉は、ぼくとだれかをつなげる。でもそれは見方を変えれば、ぼくとだれかを同じにするということでもある。

もともと、ジャーナリズムに興味があったわけでもなかった。

消極的に、「文章の勉強になる」と思って志望した新聞記者だったが、そんなモチベーションで採用試験に臨んだ学生が狭い門をくぐれるはずもなく、なにかやらなければ、という焦りだけが日に日に募っていった。

でも不思議と、そんなときのほうが読書に集中することができるのだった。まわりの同級生たちの就職先が次々と決まり、教室の空気が華やいでいく一方で、ぼくは文庫に刻まれた小さな文字の世界にどんどんと沈み込んでいった。

大江健三郎の『芽むしり仔撃ち』、中上健次の『鳳仙花』、田中小実昌の『ポロポロ』、庄野潤三の『プールサイド小景・静物』。ぼくは採用試験の会場に向かう電車のなかや、放課後の大学の図書館で、文庫本のページをめくりながら、すごいな、すごいな、と何度もつぶやいた。作家たちは難解な言葉をつかうのではなく、学生たちがつかうような言葉を駆使して、彼らにしか表現できない世界をつくった。

それはスクリーン越しに眺めるような、遠くの美しい世界ではなかった。

ぼくが読んでいる「文学」は、言葉をとおして、読む者のこころの奥底に深く浸透していくような世界だった。

本を読みはじめたばかりのころは、難解な語彙や、カタカナで表記されるようなあたらしい用語に強く惹かれた。

ぼくはそれらの言葉をノートに写し、積極的に自分の書くものに用いたり、文芸研究会の友人たちとの会話でつかったりした。

二〇歳そこそこの大学生の目には、語彙が豊富で、修飾語などの表現が豊かな作家こそ、力量のある作家に映った。

でも本を読めば読むほど、すぐれた作家とは決してそういう作家ではないのだ、ということがわかった。

初めてドストエフスキーの本を手に取ったときに驚いたのは、その分厚い小説のなかに難解な語彙がほとんど出てこないことだった。

「あ、ぼくにも読める！」

そう感じたときのよろこびは、いまも忘れられない。

ドストエフスキーが読めるのだったら、トルストイも読めるはずだし、トマス・マンも読めるはずだし、スタンダールも、フロベールも、ゲーテだって読めるはずだ。

そう予感してから眺める、書店の棚の鮮やかさといったらなかった。

それまではくすんで見えた各文庫の海外文学の棚に、あたらしい、たくさんの色がつくようだった。

客観的に見れば、状況はたしかに苦しかった。ぼくは大学四年生なのにもかかわらず、あと四〇単位をとらなければ卒業することもできず、就職試験は地方含めて二〇社近くの新聞社を受験したのにもかかわらず全敗だった。

でも、ぼくのこころのなかにはさまざまな作家の文体が蓄積されつつあった。それはぼくの未来に直接的なヒントも、こたえも、何一つとして与えてくれることはなかったが、すくなくとも、世界には今の社会とは別の「規範」のようなものがあることを教えてくれた。

作家たちは自分の言葉で考え、自分の言葉で景色を眺め、自分の言葉で物語をつむいだ。

ぼくは毎日、その言葉の連なりを読むことで、苦しい現実からなんとか逃れることができた。

たとえば、ぼくが一〇〇の単語で「自分とはなんなのか?」を考え、これからの未来を想像しているとする。

ひとりの作家の本に惚れ込み、その文体に強く影響を受けるということはすなわち、その手持ちの限られた単語の意味合いが変わるということだ。あるいは、その一〇〇の単語の組み合わせ方がこれまでと変わるということだ。「こころ」という言葉や、「自由」という言葉、「わたし」や「ぼく」という主語、「そして」や「しかし」、「とにかく」といった接続詞の意味合いまでが変わり、接続の仕方も変わる。

すると、言葉で捉えられる景色が変わる。考えられる内容も変わる。ぼくは昨日までの言葉とは違う言葉の連なりで自分を理解し、未来を想像しようとする。

ある著名な作家が、「だれにも似ていない強い個性を持ちたいと望むなら、いま誰も読んでいない作家の本を集中して読みなさい、そうすればすぐに個性的になれるから」と雑誌のインタビューで語っていた。

ぼくは経験的に、それをほんとうのことだと思う。

だれとも語らうこともなく、ひとりの作家の本を長いあいだ読み続け、それからパソコンに向かってなんらかの文章を綴るとする。

そうすると、その文章のなかにはおそらく、作家の痕跡が残る。言葉遣いや、句読点の付け方、改行の仕方だけではなく、どのように文章を書き始め、どのようにその文章を終えるかにまで、その影響は及ぶかもしれない。

それがいいことなのか、悪いことなのかはわからない。

でも多くの人とは違う「個性」をもつというのは、とどのつまりそういうことなのではないか。強い「個性」をもつということはもしかしたら、拍子抜けするくらいに容易なことなのではないか、と思う。


ぼくは大学を卒業してから、いくつかのアルバイトを経験し、いくつかの土地で暮らした。二五歳になってからは、「一年間、本だけを読ませてほしい」と親に頼み込み、実家の団地の一室で、来る日も来る日も本を読み続けた。

たまに文芸研究会の友人に誘われて、新宿や渋谷の居酒屋に出かけることがあった。

そうすると、ぼくは出かける直前になっていつも、なにを着て町に出かけていけばいいのか、さっぱりわからなくなるのだった。

どの服も全部、流行遅れに見えた。実際、アルバイトをしていなかったから、あたらしい洋服は買っておらず、数年前にぼくが好んで着た洋服が引き出しの大半を占めていた。

ぼくは、これ以上迷っていたら待ち合わせに遅れるという時間になってようやく、「男だけの飲み会だから、だれも洋服など気にしていないし」とか、「居酒屋の席に座っちゃったら、ズボンの色なんて見えないし」などと頭のなかでたくさんの言い訳をしながら町に出た。

電車に乗り、新宿や渋谷の駅前に出ると、行き交う人たちみんながおしゃれに見えた。

大学時代はこんな思いをすることはなかった。

ぼくは親からもらった小遣いやアルバイトで稼いだお金をはたいて、たくさんの洋服を買ったし、なにを着るかでこんなにも戸惑うことはなかった。

では、いったいなにが変わったのか？

それはおそらく、ぼくが親以外の人間と会わなくなったからだ。

かつては毎日、大学のキャンパスやアルバイト先で同じ年齢の男女に出会い、彼らのコーディネートを見て、あれはすごくかっこいいな、とか、あれはどこかから引っ張り出した服だな、などと密かに判じていた。

だから、洋服を買うときはだれかの洋服を参考にしていたし、毎朝鏡の前でも、だれかのコーディネートを無意識のうちにお手本にしていた。

みんなと同じような服装でないと落ち着かない、と思っていたわけではない。同級生のコートの形をかっこいいなと思ったり、先輩のズボンの裾の折り方がおしゃれだなと思ったりして、ぼくはすすんでだれかと同じになっていった。

それは言い方をかえれば、ある小さなコミュニティのなかで、毎日欠かさず、自分の美意識を微調整していたということなのだと思う。

ぼくは二七歳になり、ようやく社会人になった。みなと同じようなスーツを着て、同じような鞄を持ち、同じような靴を履き、同じような名刺入れを持ったが、それはだれかに持たされたり、会社に強制されたりしたからではなかった。

同僚や、電車のなかで見かける人たちのコーディネートにあこがれて、ぼくはそれらの日用品をひとつひとつ新宿や渋谷で買い求めたのだ。

大学の教室で

大学一年生の後期に受講した「日本文学を考える」という授業がおもしろく、二年生になってからは、同じ佐藤健一先生が担当する「文章表現」という授業に出席するようになった。受講者は一〇人に満たず、そのうち三人は社会人聴講生だった。定年を越えた彼らは、佐藤先生の授業を毎年継続して受講しており、先生の指導を受けながら随筆や小説を書いた。先生は良いところは良いといい、駄目なところは駄目だといった。温和な先生だったが、社交辞令をいわなかったし、どんな作品にたいしてもおざなりに批評をするということがなかった。ぼくは二回、詩を提出して、先生に酷評をされた。言い方は穏やかだったが、遠回しに、詩ではないものを書きなさい、と勧めていた。

三ヶ月間、推敲に推敲を重ねて提出した作品だったから、とてもショックだった。でも、自分に詩の才能のないことがはっきりとわかると、清々しい気持ちにもなって、それからは「文章表現」に出席する他の学生たちと同じように小説を書くようになった。

先生は、最後まで嘘だとわからないように書きなさい、とぼくたちに伝えた。なぜなら、たとえ九九%上手に書けていたとしても、一箇所でも、「あっ、これはつくり話なのだ」と読者を興醒めさせるような文章があったなら、その小説は失敗作になってしまうのだから。

先生はこうもいった。

「小説の力というのは、一〇〇%嘘をつきとおすことによって、そのすべての嘘が最後には全部真実になってしまう、そんな力なのです」

ぼくのお手本は、同級生のHだった。

彼は高知県出身で、中上健次に影響を受け、被差別部落をモチーフに小説を書いていた。ぼくはそこに書いてあるすべてをほんとうのことだと思ったが、Hはすべてフィクションだといった。ぼくはそれまで、自分の理想や苛立ちや恋心のようなものを、元の形状がわからなくなるくらいにコトコトと煮詰めて詩を書いていた。けれど、Hに出会ってからはそういう書き方をやめた。一言でいえば、Hが書いているような小説らしい文章を心がけるようになった。

ぼくはHに、中上健次なら何がお勧めかと尋ねて、推薦された『枯木灘』を読み、村上龍の『69』がおもしろいと聞けば、『69』を読み、島田雅彦の『優しいサヨクのための嬉遊曲』がすばらしいと聞けば、『優しいサヨクのための嬉遊曲』を読んだ。

小説の書き方など、からきしわからなかったが、それらの小説を長い時間をかけて読んだあとは、必ずといっていいほど何かが書けるような高揚した気分に包まれた。

先生は、小説をとおして考えなさい、といった。

ぼくはその言葉の真意が何度聞いてもよくわからなかったが、とにかくHや作家たちの文章を真似して、毎日ワープロに向かって小説を書いた。あるときはHのスタイルそのままに、母の生まれ故郷である高知を舞台に短篇を書き、あるときは海外文学の真似事をして、パリの郊外を舞台に小説を書いた。またあるときは暴力を正面から描いた長篇を書き、あるときは「義眼」をモチーフにさらに長い小説を書いた。

幸運なことに、ぼくは大学四年生のときに、その「義眼」をモチーフにした小説で大学から賞をもらった。それは「日大文芸賞」という、日本大学全学部の学生を対象にした小説コンクールだった。選考委員の黒井千次さんが寸評で「ここに小説がある」と評してくれたことがぼくに自信を与え、結局、大学を卒業してさらに五年間、定職にも就かず、小説を書き続ける日々を送ることになった。

「とにかく、書き始めること。そして一度書き始めたなら、最後の一文字までなんとしても書き切ること」

佐藤先生は口を酸っぱくして、ぼくたちにそう伝えた。

それが「小説をとおして考えなさい」という教えとほとんど同じ意味であるということに、ぼくは二〇代の半ばになってようやく気づいた。

最初は自分でもなにを書きたいのか、よくわからないのである。ただ、書きたいシーンや、セリフのようものがなんとなくあって、そこへなんとか辿り着こうと四苦八苦して文章をひねり出す。

ひとつの文章を綴れば、その文章が次の文章を導き、その文章がさらにその次の文章を育む。その繰り返しで、数万字の小説を綴る。費やす時間は、ひとつの作品にたいしてだいたい半年から一年ぐらいだ。

ミステリーなどのエンターテイメント小説であれば、物語にははっきりとした結末が用意されていて、作家はそこに向かって、緻密に文章を構築していくのだと思う。けれど、ぼくが先生から教わった小説は、そういうものではなかった。

「作家ですら、なにを書こうとしているのかはわかっていないのだ」というのが先生の考え方で、だからこそ、小説はおもしろいし、スリリングなのだ、と先生はぼくたちに伝えた。

それはいまにして思えば、先生の、人生にたいする態度のようなものであった。

そのころ、ぼくが夢中になって読んだ小説に、ミラン・クンデラの『存在の耐えられない軽さ』があり、その長篇の冒頭には次のような一節がある。

「人間というものはあらゆることをいきなり、しかも準備なしに生きるのである。それはまるで俳優がなんらの稽古《けいこ》なしに出演するようなものである。しかし、もし人生への最初の稽古がすでに人生そのものであるなら、人生は何の価値があるのであろうか?(略)

Einmal《アインマル》 ist《イスト》 keinmal《カインマル》(一度は数のうちに入らない)と、トマーシュはドイツの諺《ことわざ》をつぶやく。

一度だけおこることは、一度もおこらなかったようなものだ。人がただ一つの人生を生きうるとすれば、それはまったく生きなかったようなものなのである」

ここに書いてあることはつまり、自分の人生というものはそれがたった一度である限り、練習することも、理解することもかなわないということだ。ひょっとしたら、臨終の際《きわ》になってようやく、「わたしの人生はこうだった」と認識し、理解できるものなのかもしれないが、そのときにはだれかに伝える術がない。

若いぼくは、クンデラのその指摘に驚き、そして不思議なくらいに胸を打たれた。

というのも、それまでのぼくは人生になにかしらの意義があり、目的があって、その目的に殉じるようにして生きなければならないのだと思っていたからだ。
それは裏返してみれば、自分の人生には揺るぎのない価値があるということであり、ぼくが欲していたのは、その「揺るぎのない価値」にふさわしい言葉を与えるということであった。

もちろん、作家は小説を通して「人生に価値などない」といっているわけではなかった。事実はたぶんその逆で、作家たちはみな、小説という器をつかって、人生の価値をあらゆる角度から計測しようとしていた。

ある小説は主人公の父母が偶然出会うところからはじまった。ふたりは結婚し、数年後に物語の主人公が生まれる。彼は学校でさまざまな友人たちに出会い、社会に出て妻に出会い、子育てを経験し、自分の人生とはなんであるかを考え、しばし歩みを止める。

またある小説はだれもが知る歴史上の人物に、日々のディテールを与え、その偉大とされる人物がぼくたちとまったく同じように些細なことで喜び、悲しむ人間であることを物語った。

またある小説はたくさんの登場人物を巧みに書きわけることで、たったひとつの事実が見る人によっていかに異なるかを描き、とどのつまり、社会とはどういうものであるかを意欲的に解き明かそうとした。

読む小説のすべてが手本だった。最初から最後まで完璧だと思わされる小説もあれば、最後の数ページでそれまでの単調な印象をすべて吹き飛ばすような快作もあった。

ぼくは小説を書く技術を学ぶためというよりも、どのようにしてこの物語は終わるのか、そればかりを気にしながらページを繰った。

ありきたりの結末にたどり着けばがっかりしたし、どんでん返しのような終わり方にも興醒めをした。

ここに書いてあることは本当のことではない、と思った。


大学を卒業してしまうと、小説のことをだれかと話すという機会はめっきり減ってしまった。Hは英語を勉強するといってアメリカに留学し、文芸研究会の先輩たちも、社会に出ると、小説の話よりも仕事の話のほうを重んずるようになった。

卒業した翌年、アルバイト先のコンビニエンスストアで偶然、ぼくが毎月愛読している雑誌のライターと知り合うということがあり、その人とはたまに本や音楽の話をしたが、ぼくがある日小説を書いていると打ち明けると、その人は急によそよそしくなってしまった。

アルバイトは夜の一〇時にはじまって、翌日の午前八時に終わった。朝の冷たい空気のなか、会社に通勤する人たちとは反対の方向に自転車をこぎ、家賃一万八〇〇〇円の木造アパートで賞味期限切れの弁当を食べながら、アルバイトに行く直前まで書いていた小説を読み返した。

よく書けている、と思うことはめったになく、たいてい眠くなる直前まで小説を書き直した。けれど、夕方に目を覚ますと、朝方にぼくが手を入れた小説はさらにひどくなっていると気づくことのほうが多かった。

この小説がよいものか、悪いものなのかが皆目わからず、感熱紙に打ち出して、いろんな場所で読んだ。

駅前のファストフード店。公園。図書館。小田急線。京王線。山手線。

けれど、結果はいつも同じで、ぼくの小説はせいぜい「ところどころ、いいところがある」ぐらいのレベルなのだった。

「なにかが終わったと感じたときに物語が立ち上がるのです」

教室のなかで、先生はそうもいっていた。

たとえば、だれか身近な人が亡くなったとき、ぼくたちはその人についてなにかを語りはじめたくなる。ひとつの人生の幕が降り、残された者の前にはその人を語るための材料がすべて出揃ったからだ。

パートナーと別れたときも、その構図はそんなに変わらないだろう。喫茶店で、酒の席で、またはは終わらない長電話で、語り手はどのようにしてその恋人と別れたのかを聞き手に向かって訥々と打ち明ける。

話すことによって初めて、たしかめられる何かがある。あるいは、発見できる何かがある。

語り手は相手のこころのいちばん奥にまで届くように、さまざまな工夫を凝らして恋の顚末を語る。物語に強弱をつけ、うろ覚えであるはずの恋人の台詞を再現し、重要なシーンでは、それがいつ、どこで起こったことだったかはもちろん、相手の服装や、本筋とは一見関係のない会社の人間関係などについても言及をする。

相手が「うん、うん、そのとおりだ」といってくれれば、気持ちもおさまる。けれど、「きみはほんとうにそれでいいのか？」とか、「きみはまだ相手のことを変わらずに好きなのでないか？」などといわれようものなら、終わるはずの物語は終わらなくなる。

店を出て（あるいは電話を切り）、語り手はもう一度、恋人とのことを思い出す。

こころのなかには、今もなお生々しく記憶に残り、うまく消化できないなにかがある。

ほんとうはその「なにか」をうまく言語化し、だれかにきちんと伝えてみたい。

けれど、そのことを話す回路のようなものをどうしても見つけることができない。

おそらく、このようなことと、ワープロに向かって小説を書くということはとても似ているのだ。

小説家を目指していたころのぼくのこころのなかにもまた、言語化し、物語化して、読み手のこころのいちばん奥深いところに届けたいなにかがあった。

それはたとえば、ぼくひとりだけが見た、なんてこともない光景であったり、忘れられない家族の仕草だったり、友人たちとの間で流れていた他愛もない空気だったりした。

——なぜか忘れられないんだ——

ただそういって、その光景をそれとなく誰かに話せばよかったのかもしれない。

あるいはいまだったら、それを丁寧に文章に起こし、またはスマートフォンのカメラにおさめて、SNSに投稿すればいいのかもしれない。

けれど、ぼくはただ伝えたいだけではなかった。

ぼくは、ぼくが感じたとおりに、相手にもその一瞬の光景に感じ入ってもらい、そして出来れば、それを永遠に忘れないでいてほしかったのだ。


締め切り日の夜の一一時を過ぎたころに、急いで小説を打ち出して、夜間窓口のある郵便局へ自転車を飛ばす。ぼくは局員に「速達でお願いします」と告げて、文学賞の応募先に原稿を送る。

いちばん達成感があるのはこのときで、自分へのご褒美とばかりに自動販売機であたたかい缶コーヒーを買う。

最初のうちは、その小説がどこかの新人賞に選ばれ、先生に「ついにやりました！」と電話で報告する未来を頭のなかで思い描いている。

けれど、一次選考にも通過しないという現実が何回も続くと、先生のことも思い出さなくなり、小説家という未来のこともまったく考えなくなった。

——ぼくは青春を棒に振ったのだろうか？——

何度か、そんなことを思った。

同級生たちのほとんどは大学を卒業すると同時に会社に入り、それぞれの場所でキャリアを積み重ねていた。

小売店に勤務する者は地方に転勤をして、現場で管理職を務め、教員を目指して採用試験の勉強に励んでいた者は、試験に合格し、すでに教壇に立っていた。平成の金融危機によって会社が倒産し、やむなく転職をした同級生もいたし、必要なのは資格だといって、早々と会社を辞めて専門学校に入り直した同級生もいた。

ぼくだけがいまだに大学時代のことをずっと思い出し、考えていた。

その四年のあいだになにか特別なことがあったわけではなかったし、ぼくには恋人もいなかったし、告白も、落第も、病気もしなかった。

でも、その平坦な四年間のことを反芻して、それを言葉にし、物語にしようとずっともがいていた。

人は物語をとおして、さまざまなことを理解しようとする。

ぼくが小説を書くという経験をとおして学んだのは、一言でいえば、多分そういうことだ。だれかはだれかのことを好きで、だれかはだれかのことを妬ましく思っていて、だれかはとにかく、みんなよりも偉く、立派になりたいと願っている。

もちろん、それらは日々揺れ動く人間の気持ちのひとつの側面でしかないが、その側面を重ね合わせたり、離したり、いがみ合わせたりして、人は自分の身に起こっていることや、過去のさまざまな出来事を真剣に理解しようとしている。

喜劇や、悲劇や、勧善懲悪や、快復や、自己実現の物語。大げさにいえば、歴史だって、民族という概念だって、そのような単純化した物語以外ではないはずだ。

一〇〇年前の、一〇〇〇年前の人々の気持ちや行動を想像し、理解するベースは自分の気持ちであり、経験であるが、かつて親に読んでもらったり、自分の力で読み進めたりしたたくさんの絵本や、マンガや、小説や、スクリーンで見てきた数々の映画もまた、遠くの人たちのことを考え、想像することのベースになっている。

大好きな恋人がいなくても、長年抱いていた夢が叶わなくても、親しい人が病とたたかっていなくても、人生は続くし、毎日は続く。

仕事をし、食事をし、電話で親と話し、テレビで好きな芸能人を見て、なんとなくどこかへ行きたくなって、最寄りのコンビニへ足を運ぶ。

こうした日々の行為は、当人だけが知り、記憶していることで、その当人がいなくなってしまえば、だれもがそれを知る機会を失うだろう。

そうした毎日のなんでもないことこそがかけがえないのだ、といいたいわけではない。

けれど、たとえば、ひとりで夜道を歩いていて、突然むかしの友だちを思い出して連絡をとりたくなったり、月がきれいだと思ったり、木々の匂いに胸をつまらせたり、お店の店員がすごく感じがよかったり、悪かったり、眠れなかったり、夢でお母さんに会ったり、むかし飼っていた猫に会ったり、そうしたことが語るに値しないということはないはずだ。

ぼくも、友人たちも、ある時期、そうしたことばかりを小説に書いた。ぼくは大学生のころの彼らの顔や声よりも、彼らが書いた小説のシーンのほうをなぜか、よく覚えている。

本と仕事

『言葉と物』

いやなことがあったり、絶望しているときのほうが本が読める、と気づいたのは大学を卒業しフリーター生活も板についてきた二三、四歳のころのことだ。

身も蓋もない言い方をすれば、現実がしんどいから、本を読むのである。考えたくないし、思い出したくもないから、普段以上に神経を研ぎ澄ませてページをめくる。すると、本の内容もいつも以上に、スルスルと頭のなかに入ってくる。

フーコーの『言葉と物』は失恋しているときに読んだ。それまで哲学書なんてほとんど読んだことなかったのに、最初から最後まで、「なるほど」と深くうなずきながらページをめくった。

フーコーは「エピステーメー」という。それは我々の言葉や考え方を規定する、目に見えない、知の枠組みのようなものであり、何人《なんぴと》たりともその枠の外へ出ることはできない。

わたしたちは言葉を自由に用いて、なにかを表現したり、批評したり、しゃべったり、歌ったりしているように見えるが、それはあくまでこの「エピステーメー」に従ってであり、わたしたちはどんなときも自由なんかではない。

それは読む人からすれば、気が滅入るような指摘であるかもしれないが、若いぼくにとってはこころの底から安堵するようなことでもあった。

それは見方を変えれば、世の中には飛び抜けた天才など存在し得ないということであり、みながみな、同じような言葉をつかい、同じような考え方で、なにかをつくったり、表現しているということなのだった。

そのころ、ぼくは小説家を目指していた。毎日がとても苦しかった。

『なしくずしの死』

「又淋しくなった。こういったことはみんな実にのろくさくて、重苦しくて、やり切れない……やがておれも年をとる。そうしてやっとおしまいってわけだ。たくさんの人間がおれの部屋へやって来た。連中はいろんなことをしゃべった。大したことは言わなかった。みんな行っちまった。みんな年をとり、みじめでのろまになった、めいめいどっか世界の片隅で」

セリーヌの長篇小説『なしくずしの死』はこんなふうにしてはじまる。

読んだのは大学を卒業した翌年の一九九九年。風呂もトイレもない四畳半のアパートで夜な夜な読んだ。

そのころは狛江市にあるセブン-イレブンで夜勤のアルバイトをしていた。

同僚のアルバイトのほとんどは大学生で、ひとりだけプロのダンサーを目指している男の子がいた。彼だけはプロ意識をもって仕事をしたが、あとの大学生たちは商品を盗んだり、「親戚が亡くなった」と嘘をついて夜勤をすっぽかしたりした。

二二時から翌朝八時まで働くと一万円もらえた。ずる休みした大学生に代わって朝の一〇時から翌朝の八時まで勤務をしなければならないこともあるオーナーの疲れた顔を見ていると、とてもではないが怠ける気持ちにはなれなかった。

同僚たちには、「小説家になりたいんだ」と話した。お客さんにもそう打ち明けたことがある。ぼくは実際、アルバイトがない日は、一日五時間も六時間もワープロに向かって小説を書いていた。

それ以外の時間は文芸研究会の先輩の家へ行ったり、マクドナルドで一〇〇円のコーヒーを飲みながら、自分が書いた原稿を読んだりしていた。

充実していたわけではなかった。それよりも、毎日苛々していた。目に見える結果がほしかったし、恋人もほしかった。

マクドナルドで同じくらいの年の女の子が近くに座ると、気が散って、原稿を読めなくなった。ちらちらとその子の顔をのぞき見て、しばらく経って、彼氏らしき男の子が彼女の隣りの席に座ると、自分でも心配になるくらいに気持ちが落ち込むのだった。ぼくはそのあと決まって、憂さを晴らすように近くの古本屋さんで安い本やＣＤを買った。

そんなぼくの生活に、セリーヌの文体はぴたりとはまった。

こんなにもひとつの小説に励まされたことはかつてなかったし、四七歳のいまになっても同じような経験はしていない。

『なしくずしの死』を読んでいると、ぼくは少年のころに感じた寂しさを思い出した。

なにかを伝えたいし、表現したいのだけれど、「クソ」とか「馬鹿」とか「アホ」とかしかいえない。

泣きたいわけではないし、死にたいほどになにかに絶望しているわけでもない。

好きなものもたくさんあるし、両親はぼくを愛してくれているし、友だちと遊ぶこともたのしい。

けれど一方で、やるせない気持ちもあって、そういう得も言われぬものといったい、どう付き合えばいいのかがわからない。

わからないまま、その気持ちに蓋をする。あるいは、忘れてしまう。

でも、その気持ちは消え去ったわけではなく、ぼくのこころの奥底にずっとある。

「立ち上がりたい！　糞！　立てない……ぼくはまた坐り込んだ……すっかり浴びちまう！

仕方ない！　目の中に流れ込む始末だ……もうひと吐き……げぼーっ！　水が踊って見える

……白く……黒く……やたらと寒い。震えが止まらない。おならが出る……もう吐けない……」

セリーヌに出会ったのは偶然だ。

大学一年時に、第二外国語でフランス語を選択したのだが、そのとき教壇に立っていたのがセリーヌの翻訳者である高坂和彦先生だった。

先生は授業中にセリーヌのことを話したわけではなかった。たまたま「文章表現」の授業で知り合った、文学だけでなく映画にも音楽にも造詣が深い先輩が、高坂先生の仕事のことをとっておきの秘密みたいに教えてくれた。

国書刊行会から刊行されていたシリーズ「セリーヌの作品」の『なしくずしの死』(上下)を和泉多摩川の古書店で買ったのは二三歳のとき。とても難しいだろう、と思っていたが、読みはじめたらページをめくる手が止まらなかった。

セリーヌを読み終えてしばらくは、「この文体があれば、どこにでも行ける」と思った。どんなに困難な状況でも、どんなにひどい場所でも、セリーヌの文体があればなんとかなる。

いまも、こころのどこかで、そんなふうに思っているところがある。

『ユリシーズ』がもたらすもの

もともと、アレルギー体質だった。子どものころは喘息に苦しんだし、夏になると、首やひかがみがアトピー性皮膚炎で赤くかぶれたりした。

大人になっても、たまにアトピー性皮膚炎を発症することがあったが、一、二週間もすると治った。

でも二四歳になってからはずっと顔が赤かった。傷ついた瞼《まぶた》や頬がいつも浸出液で濡れていた。皮膚科で何度もアレルギーの検査をした。そのたびに先生から、「ダニに気をつけて。こまめに掃除をして」といわれた。

ぼくは先生にいわれたとおりに毎日掃除機をかけ、親に相談して布団乾燥機も買ってもらった。でも具合はよくならなかった。

そのころは仕事もせずに、本を読むだけの日々を過ごしていた。

本当であれば、一日の自由な時間のすべてを費やして小説を書かねばならなかったが、パソコンの前に座るだけで気が滅入った。

文学の世界を知れば知るほど、自分の才能の貧しさがよくわかった。

もしかしたら、運に恵まれて一冊くらい自著を出すことができるかもしれなかったが、それをコンスタントに続けていくのは難しいのであり、ぼくはそろそろ、小説を書くこと以外の手段で身を立てることを考えなければならなかった。


かかりつけの皮膚科は世田谷区の喜多見にあった。そこは人気のある病院で、毎回一時間、ひどいときは三時間近く待たされた。

ぼくは顔を掻き、首を掻きながら、ジェイムズ・ジョイスの『ユリシーズ』を読んだ。一九九六年に丸谷才一、永川玲二、高松雄一の三人が翻訳した新訳版だ。

最初にこの本を見たのは忘れもしない、成城学園前の駅前にあった江口書店だった。

和田誠さんの装丁で、金色の帯に「新しい喜びのジョイス――大江健三郎」とあった。帯には「発刊記念特別定価三八〇〇円」(税込)と書いてあり、それはつまり、刊行翌年の九七年からはその価格では買えないということだった。

店頭で何度か迷ったが、本をレジに持っていく勇気がなかった。「発刊記念特別定価三八〇〇円」は『ユリシーズ』のたった一巻分の値段であり、第二巻と第三巻はまだ書店には並んでいなかった。

全巻揃えようと思ったら、きっと一万円は下らないはずだ。

ぼくは書店で『ユリシーズ』を見るたびに、そんなことを思うのだった。

『ユリシーズ』は一九〇四年六月一六日のレオポルド・ブルームを綴った小説だ。ブルームは冴えない中年サラリーマンであり、この長篇小説に明確な筋はない。その代わりにあるのは、めくるめく一八もの文体である。

ジョイスは冒頭の第一挿話から最後の第一八挿話まで、すべて文体を変えて、人びとを描き、アイルランドの首都ダブリンを描いている。

たとえば、第一三挿話「ナウシカア」はこんなふうにはじまる。

「夏の夕暮れはその神秘な腕に世界を抱擁しはじめていました。遥か西のかたに太陽は傾き、つかの間にうつろいゆく一日の名ごりの夕映えが立ち去りかねて、いとおしげに残照を投げかけています」

第一四挿話、「太陽神の牛」の文体はこんなふう。

「かくて向後母性の苦煩いささかもあることなきに至りしは主として全市民の多産なる母あるにあらざれば昌盛あり得ず永遠と神々と死すべき者と出生をおのれにふさはしきものと認めしが故にして、……」

有名な最後の第一八挿話「ペネロペイア」はというと、改行なし、句読点なしでこんな文章が延々続く。

「何かと言えば看ごふを呼びつけて注もんをつける追い出されるまで入れておくのねそれとも尼さんかもほら彼が持ってるエロ写しんにうつってるみたいなでもあの女は本とはあたし同よう尼さんでなんかないにきまってます」

そして、混み合う皮膚科の待合室に座る二五歳のぼくは、第一〇挿話「さまよう岩々」の次のような描写を読み、あっ、と思った。

「ミスタ・ブルームは一人で本の題名を眺めた。《うるわしい暴君たち》、ジェイムズ・ラヴバーチ著。どんな本だか知ってる。読んだっけ？　うん。

彼は本を開いた。そうだと思ったよ。

薄汚れたカーテンの後ろで女の声がした。誰かな。やつだよ。

だめ。これじゃあ彼女の気に入るまい。前にも借りてやったし。

彼はもう一冊の題名を読んだ。《罪の甘い歓び》。このほうが彼女向きだな。どれどれ。

彼は指を入れて開いたところを読んだ。

——《夫がくれるドル紙幣はすべて、あちこちの店で見事なガウンや最高級のフリルつき下着を買うのに使い果した。彼のために！　ラウールのために！》」


ミスタ・ブルームは道端の露店で、妻と自分のために官能小説を選んでいる。その様子は第三者によって目撃されており、「あの男、安売りに目がないんだぜ」と陰口を叩かれる始末だ。ブルームはこの小説の脇役ではない。スティーヴン・ディーダラスと並ぶ、まごうことなき主役であり、彼の一日がこの長篇小説の主題でもある。

どこにでもいるような男のなんでもない一日を、あらゆる文章を駆使して描いた試みが『ユリシーズ』であり、ぼくはそのことを文学の知識として知っていたが、実際に読む『ユリシーズ』はこちらが想像していた以上に世俗的で、野卑で、ぼくにとって身近な世界なのだった。

そのころのぼくもまた、夜になると自転車で駅の周辺をうろうろし、町の片隅で、真剣な顔をして官能小説やアダルト雑誌を選んでいた。

そんな自分がどうしようもなく情けなかったが、欲情した自分の気持ちをうまく抑えきることができなかった。

表向きのぼくは小説家志望で、定職についておらず、大学のときに所属していた文芸研究会の友人たちとつるんで、新宿や下北沢の安い居酒屋で瓶ビールを片手に文学やロックについて熱く議論を交わしたりした。

でも、その奥では四六時中発情し、居酒屋の隣りに座る女の子の胸やお尻をちらちらと覗き見ていたのであり、どうしたら、彼女たちと一晩を過ごせるかについて考えることをやめることができなかった。

伊藤整の言葉を借りれば、「『ユリシーズ』は、ホメーロスの「オデュッセーア」の構造を借り、またその主要人物に「オデュッセーア」の中の諸人物の境遇や性格を、現代人の境遇や性格の中に生かすという方法で、現代人と古典の中の人物との照応によって、人間の本質をとらえようとする態度をもって描かれている」（『我が文學生活Ⅳ』）のであり、『オデュッセイア』と切り離してこの作品の本質的な価値を語ることは難しいだろう。

『ユリシーズ』は高度な批評であり、パロディであり、言語的な実験でもあり、それらの試みを比類なき完成度で達成した二〇世紀文学の金字塔に違いないが、二四歳のぼくが興奮したのは、その文学的な達成によって、ではなかった。

ぼくが驚き、こころ動かされたのは、複雑な構成、多様な文体によって表現される、主人公の凡庸さだった。

レオポルド・ブルームは、その凡庸さによって苦しむのではなく、また悲劇的な運命を迎えるのでもなく、小さな街で「ぼく」や「あなた」のように暮らしている。

いくらでも取り替えがきくような、他愛もない市井の人の一日が、天才的な作家の筆によって、永遠の命を獲得していることは、読む者を勇気づける。

ジェイムズ・ジョイスが二〇代のときに発表した短篇集『ダブリン市民』を読むと、作家の凡庸さにたいするあたたかな目にあらためて気づく。

沖縄の詩人

「パパン、ポポンと照明弾はひっきりなしにあがっては消え、消えてはまたあがった。二人、三人と手をつないだまま溝へ飛びこみ、なるべく低い方へところがりこんだ。一走り走っては二、三メートル進むのみで、ふせている時間がはるかに長い。わずか一キロの道をゆくのにながん時間もかかった。やっと波平の部落へさしかかると、道の両側に高い木が茂っていた。照明弾に照らされながら歩きつづけた。とある三叉路《さんさろ》へ来ると、砲弾のためにすっかり穴だらけになっていて、その付近には子どもを背負った母親の死体が横たわっていた」(仲宗根政善『ひめゆりの塔をめぐる人々の手記』)

二〇〇〇年の二月に初めて訪れた「ひめゆりの塔ひめゆり平和祈念資料館」の展示は壮絶で、その日の夜はなかなか眠れなかった。

ぼくはなにも知らなかったのだ、と思った。沖縄県民の四分の一が犠牲になったということも知らなかったし、日本軍の無計画ぶりも知らなかったし、兵士や少女の傷口に群がるたくさんの蛆《うじ》のことも知らなかった。高知に住むぼくの祖父は戦争でビルマに駆り出され、右手の指を三本失ったが、戦場がこんなにも惨たらしいものだということを孫には一言も伝えなかった。

糸満バスターミナル近くの一泊一五〇〇円の安宿に戻り、資料館で買った『墓碑銘—亡き師、亡き友に捧ぐ銘—』という本をパラパラとめくった。それから、ふて寝するようにベッドに横たわって目をつむり、戦争の夢を見た。

大学で文学を学び、日本の文学が太平洋戦争を境に分断されていることを知った。戦地で生死の境をさまよった作家たちは、自身の強烈な経験を出発点として、あたらしい文学を書いた。戦争を経験しなかった作家たちは、「戦争に行かなかった」ことを出発点として、自分たちの世代を描いた。

ぼくたちに大きなインパクトを与えたのは村上春樹であり、一九九五年八月に完結した『ねじまき鳥クロニクル』は戦争を直接的に経験していなくても、想像力によって五〇年前の戦争と深くかかわることができることをぼくたちに示した。

「なにかやらなくちゃ」

この大作を読み終えたとき、とにもかくにもそう思った。

読む者のこころを深く揺さぶる、畢生の大作だった。

この長篇に導かれて沖縄にやってきたわけではなかったが、『ねじまき鳥クロニクル』を読んでいなかったら、ここまで戦争に関心をもたなかったように思う。

ひめゆりの塔を訪ねた翌朝、同じ安宿で長逗留しているAさんがぼくに「どうだった?」と聞いた。

Aさんは沖縄の北部出身だった。那覇で塾を経営していて、自分の話をするのにも、人の話を聞くのにも長けていた。

「すごかったです」ぼくはただただそうこたえた。

Aさんはそれだけで十分伝わったというふうに、「そうだよね」といった。「きみはまだ若いし、沖縄に来たばっかりだから、もっといろんなことをここで勉強できるはずだよ。なにせ、きみにはたっぷりの時間があるんだから」

ぼくからすると、そういうAさん自身も、時間をたっぷり持て余しているようなのだった。

うちの父と同じくらいの年齢であろうAさんは、毎日、黒い長袖のシャツを着て、宿の狭いロビーでショートホープを吸うか、しかつめらしい顔で宿のおばさんと新聞のニュースについて話をしていた。

「今日はなにをする予定なの？」

「摩文仁《まぶに》の丘を見にいくか、糸満中央図書館に行ってみようかなと思っています」

「じゃあさ、急ぎじゃなかったら、ぼくの頼みを聞いてくれない？」


ぼくは、この宿に泊まった二日目に、Aさんにお酒をご馳走になっていた。

そこはひとりでは絶対に入れないような、窓ひとつない小さなスナックで、還暦を迎えたばかりのママさんにビールをついでもらいながら、ぼくは戦争を勉強するために沖縄に来たこと、観光ではなくて移住するつもりでやってきていること、この場所で小説の執筆に専念し、いつの日か作家としてデビューしたいことをAさんとスナックのママに打ち明けた。

Aさんはぼくの話を聞き、無理だとはいわなかったし、他の大人がいうように、もっと社会勉強をしてからにしなさい、ともいわなかった。

それだけで、ぼくには忘れられない恩義なのだった。

Aさんの「頼み」というのは、Aさんの経営する塾へ行き、そこに置いてある鞄をとってきてほしいということだった。

ぼくたちはふたりとも携帯電話をもっていなかったので、Aさんはメモに塾の名前と、最寄りのバスの停留所、そして簡単な地図を書いてぼくに渡した。

ぼくはそれを見ながら、二月だというのに半袖でも過ごせるくらいに暑い日に、那覇市内のはずれにある塾にたどり着いた。

私設保育園のような趣のある、平屋の所帯じみた塾だった。「こんにちは」と横開きのドアを開け、出てきた女性にAさんの名前を告げると、露骨に嫌な顔をされた。

「鞄をとってきてほしいといわれたのですが……」

そう伝えると、女性は小学校の教室の後ろにあるようなボックス型の木の棚の前にぼくを案内し、角の棚に置いてあるAさんの肩掛け鞄を指さした。

自分の手でそれに触れるのもいやなようだった。

鞄をもって宿に戻ると、Aさんは表情ひとつ変えず、「たすかったよ」といった。それから「ぼくのこと、だれかなにもいっていなかった？」と聞いた。

「なにもいわれませんでした」

ぼくはそういったが、Aさんにたいして疑惑をもたないわけにはいかなかった。

たった二十数年の人生経験ではあったが、そんなぼくの常識からしてみても、塾の経営者が従業員からあんな扱いをされるはずはなかった。

Ａさんはそれを察したのか、鞄のなかからガサゴソと名刺入れをとりだし、「ほら、これ」とそのなかから一枚を差し出した。

そこには「塾長」という肩書が大きく印刷されていた。けれど、見る者の目を引くのは、それよりも名刺の右部分に印刷されたＡさんのカラー写真だった。Ａさんはいたって真面目な顔をしているのだが、その襟元には舞台衣装のような真っ赤な蝶ネクタイが結ばれていた。なぜそんな写真をわざわざ選んだのか、よく理解できなかった。


その日の夜は、鞄をとってきたお礼という名目で、ふたたびスナックでお酒をご馳走になった。東京で暮らしていたころはスナックに入ったことなどなかったが、思い切ってその敷居をまたいでしまえば、安い居酒屋のように騒がしくなく、タバコに火をつけるのも、ビールをおかわりするのも、すべてママさんが甲斐甲斐しくやってくれるので、居心地がとてもいいのだった。

「島田くんは村上春樹が好きなんだよね」Ａさんはタバコを口にくわえながらいった。

「はい。すごく好きです」ぼくは正直にこたえた。

「でも村上春樹が好きなようじゃ、作家にはなれないよ」Ａさんは突っかかるようにいった。

「Ａさんは春樹を読んだことがあるんですか？」

「ないよ」Ａさんは平然と返した。「でも、内地ですごく流行ってるでしょ？　みんなが読んでいるような本を読んで、感動してるようじゃ見込みはないと思うんだよ」

ママさんがふと思い出したというふうに、「娘がむかし読んでた」といった。

「ぼくのおじさんは詩人だったの。本も出てるよ。とてもすばらしい人だったけど、若くして亡くなったんだよ。ぼくはね、おじさんのほうが村上春樹よりすごいとずっと思ってるよ」

ぼくはAさんのおじさんの話よりも、「見込みがない」といわれたことがショックで、そのことばかりをずっと考えた。

Aさんはぼくというよりも、ママさんに伝えるようにおじさんの詩を暗誦しはじめた。

それはどちらかというと、暗い内容の詩だった。

——よくもこんなに長い詩を覚えていることができるな——

すでに酔いがまわりはじめた頭でぼくはそんなことを思った。


明くる日、「糸満ロータリー」の名で地元の人から親しまれている交差点を東に一、二分歩き、小さなスーパーを背に北へあがっていったところに、「入居者募集」の看板を見つけた。

そこは沖縄でよく目にするコンクリート住宅で、一階が大家の住宅、二階が賃貸アパートの構造になっていた。

看板には不動産会社の名前と電話番号が記されていたが、不動産会社に支払う手数料を惜しん

島田潤一郎

長い読書

みすず書房

定価2530円
(本体2300円+税10%)

TEL 03-3814-0131
FAX 03-3818-6435

ISBN978-4-622-09698-6
C0095 ¥2300E

9784622096986

月　日　部

注文伝票

〔エッセイ〕
〔読書論〕

定価 2530 円
税10%

売上カード

月

店名

ISBN[illegible]
C0095 ¥[illegible]

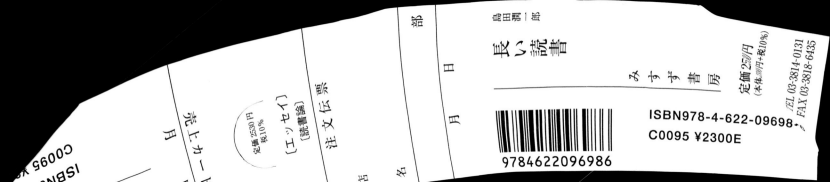

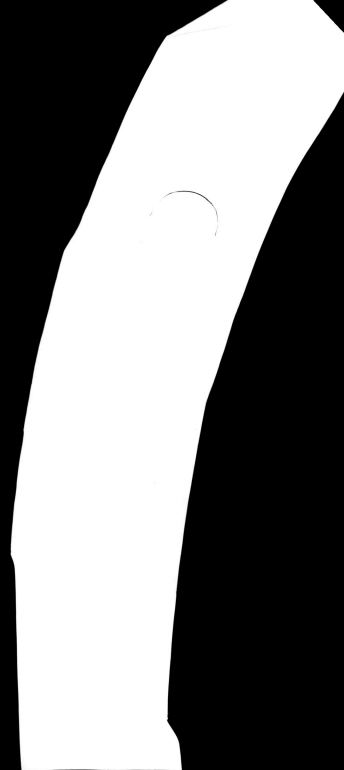

で、ぼくは人の気配のする一階の呼び出しチャイムを押した。大家さんと直に入居の交渉をしてみようと考えたのだった。

出てきた女性に、Aさんにスナックで打ち明けたように、沖縄で勉強をしたいと思っていること、作家を目指していることをしどろもどろに説明した。

女性は、「わかりました。旦那さんに一度、相談してみますね」と笑顔でいった。

翌日ふたたびその住宅を訪ねると、女性から「入居してもらっていいですよ。作家を目指してがんばってくださいね」という言葉をもらった。

ぼくは、見知らぬ人からすぐに信頼してもらったよろこびをうまく受けとめられず、感動しながらも、「沖縄の人はなぜ、みんなこんなに親切なんだろう?」と思った。

スーパーの前にあった公衆電話に立ち寄り、住む場所が決まったので、本と布団を送ってほしい、と母にお願いをした。

「沖縄はどう?」と母から聞かれたので、さっそく知り合いができて、その人とよく飲みにいっていること、沖縄の人はみんなやさしいということを伝えた。

その三日後にはアパートに荷物が届き、ぼくの糸満での暮らしがはじまった。

Aさんが引っ越し祝いだといって、またスナックに誘ってくれた。

ぼくは沖縄に移住するために、東京のコンビニエンスストアの夜勤のアルバイトで三〇万円を貯めていた。不動産会社に支払う手数料も浮いたし、アパートの家賃も2DKで二万八〇〇〇円と想定していたよりも安かったので、Aさんに「今日はぼくに奢《おご》らせてください」といった。「無職の作家志望の子に奢ってもらうほど落ちぶれていないよ」

Aさんはそういって笑った。ほとんど笑顔を見せないAさんの破顔一笑は、いまとなってみれば、ぼくのガードをゆるめる効果をもっていた。

「二万円貸してくれないかな?」

スナックを出て、アパートに戻ろうとしていたぼくにAさんは突然いった。

「三月一〇日に必ず返すからさ」

これまで奢ってもらった金額を考えれば、万が一踏み倒されたとしても、そこまで恨みを持つことはないだろう。

酔っ払った頭で瞬時にそう考えて、「いいですよ」といい、すぐに自分の財布から二万円を抜き出して、Aさんに渡した。

街灯が少ない裏道だったので、Aさんはコカ・コーラの自動販売機のほうへ寄っていって、その明かりでお札をたしかめた。

この日もスナックはAさんの奢りだった。というか、Aさんはその場ではいつもお金を払わず、毎回ツケで支払っているようなのだった。

安宿へ戻っていくAさんの後ろ姿が心なしか、侘びしく見えた。

Aさんに家族がいるのか、ほんとうにいまも那覇の塾を経営しているのか、そういうことを、ぼくも、ママも、宿のおばさんもだれも知らなかった。

一週間後の三月一〇日、約束通りAさんはぼくにお金を返した。そればかりでなく、迷惑をかけたお詫びだといって、二万円ではなく三万円をぼくに手渡した。

返ってこないかもしれないと思っていたお金に、さらに一万円のボーナスまで上乗せされて、ぼくは有頂天になった。その日のうちにバスで那覇へ出かけ、国際通りのタワーレコードで一万円を使い果たした。

さらに二週間後、Aさんがぼくのアパートに突然やってきて、今度は「七万円貸してくれないかな?」といった。

もちろんお礼はするから、という言葉に、ぼくは勝手に三万円の利子を想像し、タワーレコードでどのCDを買おうかまで考えて、「いいですよ」といった。

その二日後に、Aさんは忽然と姿を消した。

宿のおばさんはぼくのことを「馬鹿だ」といった。そして、女優が決められたセリフをしゃべるように、「わたしたちも馬鹿なんだけどさ」と付け加えた。Aさんは約二ヶ月の宿代のほとんどを支払わずにどこかへ逃亡してしまったのだった。

仕方ないんですかね、とぼやくぼくに、おばさんは「無駄かもしれないけど行ってみる？」といって、Aさんが住所を書き残した宿帳をカウンターのなかから取り出した。

Aさんはおそらくスナックの支払いもすべて踏み倒したのだ、と思うと、胸が痛かった。

Aさんがいなくなった一週間後、ぼくは宿のおばさんとふたりで宿帳に載っていた住所へ車を走らせた。

ぼくは車のなかでも、おばさんに作家を目指していることを伝えたが、こんなに容易にお金を騙し取られる人間が作家になれるはずもない、と思われているだろうことを、話しはじめてすぐに感じた。

おばさんは高速道路の左右に見える風景をあごで指しながら、ここが南風原《はえばる》、ここが宜野湾《ぎのわん》、ここが嘉手納《かでな》と沖縄の地名を教えた。

「ね、基地が多いでしょう？」

ぼくは「そうですね」といって、いつまでたっても終わらない基地のフェンスを見つめたが、考えているのはいつも、自分のことばかりなのだった。

高速道路を下り、信号待ちになると、おばさんはドアポケットから沖縄県の道路地図を取り出し、「二個目の信号を右だ」とか、「あと少しだ」とか、小さな声でつぶやいた。

結局、高速道路を下りて一〇分も経たずに、Aさんが書き残した住所にまで辿り着いた。

そこはどちらかというと内地にある古い日本家屋に似た、大きな構えの家だった。表札を見ると、Aさんの名字が筆文字できちんと書かれていて、家のなかからは「春のセンバツ」の中継の声が聞こえた。

おばさんは躊躇せず、サッシ一枚だけで戸締まりもなにもしてない玄関に向かって、「こんにちは」と大きな声で呼びかけた。

「はいー」

返ってきたのはたしかにAさんの声だった。

白いランニングシャツ姿のAさんは、ぼくとおばさんの姿を認めると、子どものように「しまった」という顔をした。そして、すぐに「ごめんね」と顔の前で両手を合わせた。

ぼくたちが玄関でAさんを詰問していると、Aさんの年老いたお母さんが出てきて、ぼくがまったく聞き取れない方言でAさんにいろいろと話した。それから、「皆さんに迷惑をかけて、ほんとうに申し訳ありません」と深く頭を下げた。

Aさんは、毎月月末に糸満の「潮崎入口」というバス停に一万円ずつ持ってくる、とぼくに誓った。

もちろん、そんな約束をにわかに信じられるはずもないのだが、ぼくには「わかりました」とこたえるほかなかった。

糸満のアパートで小説を書き、岩波文庫を読んだが、そのあいだもずっと頭にあるのはAさんのことだった。

すこしでもAさんのことを考えるのを怠ってしまったら、Aさんはどこか遠くへ逃亡し、二度とぼくの目の前に姿をあらわさないのではないか、と思った。

——どうすれば、ぼくはAさんの魂をこの手でしっかりとつかむことができるだろう？——

何日にもわたって、そうした愚にもつかないことを考え、思い出したのは、Aさんのおじさんのことだった。

ぼくの頭のなかには、その詩人の名前も、本のタイトルも、しっかりと刻み込まれていた。

どこかでその詩集を手に入れ、読みさえすれば、Aさんは天国にいるおじさんの名誉のために、きちんとお金を返済し続けてくれるのではないか？

ぼくはそんなことを考えた。

けれど、その本はさがしても、どこにもなかった。

糸満にはいくつかの古書店があったが、そこにはなかったし、那覇の古書店にもなかったし、もちろんブックオフなどの新古書店にもなかった。

図書館でその詩集の存在を調べたわけでもなかったし、インターネット・カフェでその本について検索したわけでもなかった。でも、こといおじさんの詩集にかんしていえば、ぼくは一ミリもAさんのことを疑わなかった。Aさんのおじさんの本は必ずどこかにあるのだと信じた。

いまとなっては、なぜその古書店に辿り着いたのかは思い出すことができない。もしかしたら、那覇の古書店でだれかに聞いたのかもしれないし、「ブックオフ宜野湾店」に行った帰りにたまたま見つけたのかもしれない。

琉球大学の近く、国道330号線沿いに、その店はあった。「榕樹《ようじゅ》書林」という名の古書店だった。

店に一歩足を踏み入れると、棚のほとんどを埋める沖縄関係の本に圧倒された。

帳場にいたおじさんに、詩集のタイトルを伝えると、おじさんはスタスタと沖縄文学が並ぶ棚のほうへ歩き、一冊の黒っぽい本を引き抜いた。「これですね」といった。

奥付は一九七二年六月三〇日。沖縄が日本に復帰して間もないころに刊行された本だった。三五〇〇円という、普段ならさんざん躊躇する金額にも臆せず、ぼくはAさんのおじさんの本を糸満のアパートに持ち帰った。

それから、熱に浮かされたように、その本を読み耽った。

そのなかには詩だけでなく、評論もあったし、日記もあった。若くして亡くなった詩人が残したほとんどの言葉が一冊の本に収録されていた。

まるで、ひとりの人間の代わりに一冊の本が残った、というような本だった。

Aさんはそれから毎月忘れずに、バス停までお金をもってきた。ぼくはおじさんの本を読んで感動したことをAさんに伝えようか毎回迷ったが、結局、そのことには一言も触れなかった。

その本はいまも、ぼくの書棚のいちばんいいところに並んでいる。そして、そのなかには、ほんの僅かだが、幼いころのAさんの姿も描写されている。

リフィ川、サハラ砂漠

これまで、どれくらいのCDを聴いてきたのだろう。

厚さ一センチの透明のジュエルケースを左手で開け、右手で銀色に輝くCDを取り出す。ポータブル・ディスク・プレイヤーの中心部にそれをそっと押し込み、蓋をしめると、モノクロの液晶画面に曲数と収録時間が表示される。

初めて封をあけたCDであれば、ブックレットを入念に眺める。そこにアーティストの写真がたくさん入っていればうれしいし、洋楽であれば、推薦文や訳詞が掲載されている、四つ折りないしは八つ折りの解説書の内容が充実していたらうれしい。

一聴して、その魅力がよくわからないCDもあれば、最初に聴いたときから夢中になれるCDもある。もちろん、一回聴いただけで「失敗だった」と思わされるCDもある。

一〇代のころはお金がなくて、時間だけは山ほどあったから、「その魅力がよくわからないCD」をたくさん聴いた。

わからないときは、ぼくのほうがよくないのだと思った。

二五歳のころ、長い旅に出た。アイルランドで三ヶ月間語学学校に通い、そのにわか仕込みの語学力でアフリカを旅してまわるつもりだった。

家族も友だちも傍にいない外国であれば、長年の人見知りも克服できるかもと考え計画した旅だったが、アイルランドの首都ダブリンでの日々は、東京での日々とまったく変わらなかった。ぼくは語学学校の授業が終わると、毎日のようにひとりでCDショップと本屋さん、そしてゲームセンターをうろつき回った。

それくらい、音楽と本とアーケード・ゲームに夢中だったというのではなかった。

ぼくが長い午後をやり過ごせるのは、その三つの専門店しかなかったのだった。

ホームステイ先にもまったく馴染めず、ダブリンのHMVで買ったビーチボーイズの『SUN FLOWER』を朝から晩まで聴いた。

自分でも笑ってしまうくらいに、一曲目の「Slip On Through」が流れてくると元気が出てきて、三曲目の「Add Some Music To Your Day」がはじまると気持ちが落ち着いた。

アイルランドの緑も、リフィ川も、たくさんのパブも、ビーチボーイズの歌声を通してであれば、親しみをもって見つめることができた。

読者カード

みすず書房の本をご購入いただき，まことにありがとうございます．

書　名

書店名

・「みすず書房図書目録」最新版をご希望の方にお送りいたします．

（希望する／希望しない）

★ご希望の方は下の「ご住所」欄も必ず記入してください．

・新刊・イベントなどをご案内する「みすず書房ニュースレター」（Eメール）をご希望の方にお送りいたします．

（配信を希望する／希望しない）

★ご希望の方は下の「Eメール」欄も必ず記入してください．

（ふりがな）お名前　　様		〒
ご住所	都・道・府・県	市・郡 区
電話	（　　）	
Eメール		

ご記入いただいた個人情報は正当な目的のためにのみ使用いたします

ありがとうございました．みすず書房ウェブサイト https://www.msz.co.jp では刊行書の詳細な書誌とともに，新刊，近刊，復刊，イベントなどさまざまなご案内を掲載しています．ぜひご利用ください．

郵便はがき

料金受取人払郵便

本郷局承認

6392

差出有効期間
2025年11月
30日まで

113-8790

東京都文京区
本郷2丁目20番7号

みすず書房営業部
行

通信欄

（ご意見・ご感想などお寄せください．小社ウェブサイトでご紹介させていただく場合がございます．あらかじめご了承ください．）

このCDと、ポータブル・ディスク・プレイヤーさえあれば、世界中のすべての場所がぼくの「ホーム」になるのだった。

アイルランドを離れ、バックパックひとつでアフリカに向かうとき、『SUN FLOWER』も、フェアポート・コンヴェンションの『Liege & Lief』も、ジャミロクワイの『A Funk Odyssey』も、ポータブル・ディスク・プレイヤーも全部、日本に送ってしまった。

当時はまだ、パソコンを持っていない若者たちがインターネット・カフェに集まって、インスタントコーヒーを飲みながらキーボードを叩いていたころで、旅人の多くは分厚い旅行書をもって世界各地を旅行していた。

ぼくがモロッコで初めて出会った日本人もまた、分厚い「Lonely Planet」を片手に抱えて、モロッコを歩きまわっていた。

幸いなことに、その人は文学が好きな人だった。壁がすべてピンク色のラバトの宿で、ぼくは、自分よりひとつだけ年上の若者が、中上健次と柄谷行人について熱弁するのを夢見心地で聞いた。

そのKさんとは西アフリカの町、ダクラで再会した。

ダクラはアフリカに中古車を売りにいく人たちが集まる港湾都市で、当時のガイドブックには、とりあえずダクラにたどり着けば、ヒッチハイクでサハラ砂漠を縦断できる、と書いてあった。

実際、旅慣れたKさんの交渉のおかげで、ぼくは町に着いたその日のうちに、オランダ人の若いカップルが所有する小さなキャンピングカーでサハラ砂漠を越えることが決まった。

六日か七日の車中泊の旅のなかで、ぼくはKさんと話すか、フォークナーの『八月の光』を読んで時間をつぶした。

旅のあいだ、窓の外はずっと砂漠か海だった。

ハンドルを握るオランダ人の若者はとっかえひっかえ、レゲエのカセットテープをかけた。それは代わり映えのしないサハラ砂漠の景色に驚くほどぴったり合っていたし、不思議なことに、どれだけ聴いていても飽きるということがなかった。

でも文学好きのKさんは、口にこそしなかったが退屈していたらしく、あるとき、自分のバックパックのなかから一本のカセットテープを取り出して、「これをかけてくれないか?」とオランダ人に手渡した。

そうしてスピーカーから聞こえてきたのは、「抱きしめたい♪」という原由子の歌声だった。

ぼくはKさんの顔を見て笑った。

Kさんも笑った。

オランダ人のカップルはふたりとも、「ｓｏ ｓｏ」といった。

でも、ぼくは身体中の細胞が喜んでいるといっても過言ではないくらいに、サザン・オールスターズのヒット曲に欣喜雀躍《きんきじゃくやく》していた。

「チャコの海岸物語」、「いとしのエリー」、「Ｙａ Ｙａ（あの時代を忘れない）」、これらの曲に耳を傾けながら窓の外を見やると、広大な砂だらけの景色が茅ヶ崎に見えた。


中学生のころ、サザン・オールスターズに夢中だった。

ビートルズに首ったけになる前のぼくのアイドルはサザン・オールスターズであり、いまはもうない近所のレンタルＣＤ屋さんで、バンドの音源をすべて借りてきて、それらをカセットテープにダビングして愛聴した。

ぼくのこころのなかには、ジュークボックスのように、サザン・オールスターズのすべてのアルバムが収納されていて、ビートルズのアルバムも、ビーチボーイズのアルバムも、サニーデイ・サービスのアルバムもずらりと揃っていた。

サハラ砂漠を無事縦断したあと、ぼくはＫさんとモーリタニアで別れ、それからひとりでセネガル、マリ、ブルキナファソ、ガーナを旅した。

毎日が長距離バスの移動だった。ひどいときは、二四時間ずっと同じバスに乗っていたこともあった。

そういうとき、ぼくは好きなアルバムをこころのなかで一曲目から再生して、最後までうたった。

すべての曲が好きなアルバムもあれば、一曲目、五曲目、七曲目が好きなアルバムもあった。

おそらく、最初から最後まで全部歌えるアルバムなんて一〇枚もなかったはずだが、それらはまるで蓄えられた脂肪のように、若いぼくのこころにエネルギーを与えた。

遠くの友人たち

本とCDこそたくさんあるが、テレビもクーラーもなにもない六畳の部屋で、ダイヤルアップの「ピーヒョロロロ」という特徴的な音を聞き、タバコを吸いながらパソコンの画面をじっと見つめる。けれど、検索したページは五分たっても、一〇分たっても、全貌があらわれない。文芸研究会の先輩がぼくに送ってくれたのは、それくらいに古いパソコンだったのかもしれないし、そもそも、ぼくの接続の仕方が間違っていたのかもしれない。

しばらくのあいだは、それでもインターネットで遠くの友人たちとつながるよろこびのほうが大きくて、画面にウェブページが表示されるのを辛抱強く待っていたが、次第に電源を入れることも億劫になり、結局、東京へ帰るときに地元の沖縄に住む同僚にそのパソコンをあげてしまった。

自分で初めてパソコンを買ったのはその一年半後の二〇〇二年の春のこと。新宿のヨドバシカメラでデスクトップ型のＶＡＩＯを買った。

おもな目的は文芸研究会の先輩、後輩たちと掲示板で交流することだったが、彼らが仕事をしている日中は、インターネットに接続してもすることがなく、次第に文学の隠れた名作を紹介する、ハンドルネームだけを名乗る人たちのホームページを閲覧してまわるようになった。

吉田健一。藤枝静男。川崎長太郎。獅子文六。

彼らのホームページによって、魅力を教えてもらった作家の名前は少なくない。ぼくは彼らが書き込む掲示板を一方的に眺めて、文学が好きな者ならば何を読んでいるのが常識で、いまなら何を読み、あるいは何を読むべきでないかを受験生のように学んだ。

そうした日々は、今まで古書店に行っても目に入らなかった作家たちの本が目に入るようになった、という意味ではたいへん刺激的であった。けれど一方で、自分の読書量も、文学の知識も貧しいということを知らされる日々でもあり、ぼくはこれからどれくらいの研鑽を積めば彼らのような読書家になれるのか、と考えると絶望的にもなった。


彼らのホームページを頻繁にチェックしなくなったのは、ぼくが彼らのような読書家になったからではなく、文学や本に興味を失ったからでもなかった。単純に、ブラック企業に就職をし、毎日くたびれるようになったからだった。

本棚に並んだすべての本は塩漬けになった。大枚をはたいて買った吉田健一の単行本も、古本屋でがんばって探し出した獅子文六の長篇小説も、大学時代にがんばって買った分厚い人文書も、埃をかぶり、やがて部屋の一等地ではなく、押入れの衣装ケースのなかにしまい込まれた。

それで困るということはひとつもなかった。本を読んでも、読まなくても、月曜日はやってきたし、正午になると毎日ちゃんとお腹が減った。

ときおり、部活に全力を注いだ人が急にボールを蹴ったり、短い距離を思いっきり駆けてみたくなるように、どれだけ読んでもなかなか終わらなかったり、理解できなかったりする本を読みたくなって、仕事帰りに新宿の紀伊國屋書店や、池袋のジュンク堂書店本店へ立ち寄った。閉店間際の店内で、集中して岩波文庫の棚を眺め、講談社文芸文庫の棚を眺め、思潮社の現代詩文庫の棚を眺めて、かつて自分が買った本の何が今も継続して売られて、何が品切れ中なのかをたしかめた。それから急いで、一冊か二冊の文庫本をレジにもっていき、それを豚骨醬油のラーメン屋でペラペラとめくった。本を買うだけで、人心地がついたような気がするのだった。

二〇〇九年に夏葉社という出版社を立ち上げたのは、さまざまな偶然が重なってのことで、ずっと本をつくりたいと願っていたとか、文学の魅力を広めたいというような高邁な精神を抱いていたからとかではない。

三三歳になっていたぼくはたくさんの人にアドバイスをもらい、具体的に援助もしてもらって、なんとか一冊の本をつくりあげた。それはバーナード・マラマッドの『レンブラントの帽子』という短篇集で、一九七五年に集英社から刊行されたものの復刊だった。

本をつくったからには、それを売って、日々の食費としなければならない。ぼくはスーツを着て、一日一〇軒ほどの書店をまわった。すると、一日か二日にひとりくらいの割合で、文学を愛する人に出会うのだった。

それは、長くひとりで本を読んできたぼくにとって、とても感動的なことだった。

目の前の、実際に息をしている生身の人間がぼくに向かって、川崎長太郎とか、藤枝静男とか声に出していうのだ。ぼくが荒川洋治が好きだというと、「わたしも好きです」といって、その場でその詩を暗唱してくれるのだ。

彼らは東京や大阪、名古屋、京都といった大きな都市だけでなく、日本全国どこにでもいた。ぼくは彼らの言葉に、孤独だった二〇代の自分を勝手に重ね合わせて、売り場の隅や、バックヤードでたくさん本の話を聞いた。

一年に一回どころか、数年に一回しか会わない人もいた。ぼくはその人に「お元気ですか？お変わりありませんか？」と尋ね、そしてすぐに、「最近、なにかおもしろい本はありましたか？」と聞くのだった。

高知の書店に勤める、ぼくより少し年上のCさんは、毎年決まって、長い小説を読んでいた。それはあるときは、まだ読んでいなかったドストエフスキーの長篇であり、あるときはハシェクの『兵士シュヴェイクの冒険』であり、あるときはムージルの『特性のない男』だったりした。会っていなかったこの一年間、Cさんは自宅や、自分なりの本を読める場所でずっと、長篇小説のページをめくっていたのだと思うと、こちらも背筋が伸びるような気持ちがした。

ぼくはこの数年、Cさんに、「ぼくもこの一年間、毎日長いものを読んでいたんです」といいたいがためだけに、毎年長い小説に取り組んでいるように思う。

「『特性のない男』、ぼくもいま読んでいます」

今年もお会いするなり、そういうと、Cさんは、

「難しいですよね」と微笑み、

「でも、残るんですよね」といった。

『魔の山』

朝一〇時に出社して、深夜〇時半の終電で帰る。アパートのある向ヶ丘遊園駅に着くのは深夜の一時。近所のセブン-イレブンで遅めの夕食を買い、のり弁やカツ丼をコカ・コーラで流し込んで、二時半に眠る。

朝は八時半に起きて、九時にアパートを出る。持ち物は、財布と煙草と携帯電話と文庫本。ぎゅうぎゅう詰めではないが、決して座れない小田急線に揺られながら、新潮文庫の『魔の山』（高橋義孝訳）の上巻を読む。

疲れているから、内容は全然頭に入ってこない。でも、漂流した人が海面に浮かぶ丸太を離さないように、左手に吊り輪、右手に文庫本をしっかりともつ。

ぼくは目をこすりながら、ページをめくる。それをやめてしまうと、こころがどこか遠くへ行ってしまいそうなのだ。

読んでいるページに人差し指を挟み、乗り換え駅で電車をおりると、上司にばったり出会う。

「なに読んでるの？」彼女は聞く。

「トマス・マンの『魔の山』です」

「おもしろい？」

「わかりません」

三ヶ月後、ふたたび彼女は「なに読んでるの？」と聞く。今度は乗り換え駅ではなく、オフィスで。

「『魔の山』です」

そうこたえると、彼女は「まだそれ読んでるの？」と大げさに驚いたふうにしていう。

「でも、前読んでいたのは上巻で、いまは下巻なんです」

そう弁明したいが、その気力がない。


本を読んでいる時間も、働いている時間も、どちらも現実感がない。でも、世界がふたつあるということが、たいせつなのだ。

最終電車に乗り込むと同時に、ドアにもたれかかり本を開く。

集中するのには時間がかかる。スーツを脱ぎ、私服に着替えるように、会社であった出来事や、わずらわしい人間関係をひとつずつ忘れようと試みる。

たいていは忘れる。でもまれに、自宅のある駅までずっと、仕事のことを考えてしまうことがある。

そういうときはご飯の味がしないし、寝付きも悪い。


日々の生活のすぐかたわらに、『魔の山』がある。

でも『魔の山』の世界にずっといると、まれに現実世界が恋しくなるときがある。それが世にいう「ブラック企業」であっても、その世界でともに働く人たちのことが恋しくてたまらなくなる。

そういうとき、乗換駅で上司の姿を探す。

彼女は三人の子の母で、その子どもたちと別れて、ひとり暮らしをしながら会社勤めをしている。

あるとき、彼女に「好きな作家はだれですか？」と聞いたら、とてもうれしそうに、詩人の黒田三郎だといった。卒論で扱ったの、と。

H君

H君に出会った。

数えてみたら、三一年ぶりだった。

高校生のときに一度、近所の喜多方ラーメンの店で厨房に立つH君を見かけたことがあった。当時のぼくはなぜか、H君は単にアルバイトをしているわけではなく、もう高校を中退して、いまは働いているのだ、と確信をした。

そのときのことを「出会った」とするならば、二九年ぶりということになるが、ともかくぼくは、かつての親友、H君と中学校を卒業して以来、久しぶりにしゃべったのだった。

H君は「おう」といった。ぼくが「久しぶり」といったら、「ほんと久しぶりだよな」といった。「なにしてんの?」と聞いたら、「〇〇のラーメン屋で働いてる」といった。

H君は禿げてしまったぼくを見てもなにもいわなかった。ただ照れくさそうに笑いながら、鉄板焼き屋の角の席で、早いピッチで緑茶ハイを口に運んでいた。

H君はぼくだけが覚えていると思っていたことをみんな覚えていた。テレビゲームのこと、プロ野球カードのこと、音楽のこと、漫画のこと。

H君をぼくに引き合わせてくれたC君も、ほとんどのことを覚えていた。それは地元の友だちと極力会わないようにしていたぼくからしたら驚くべきことだった。

「島田の誕生日、六月二三日だろ」

H君はそうもいった。

「なんで覚えてんの?」と聞くと、「うん、覚えてるな」とH君はいい、確認するようにもういちど、「覚えてるよ」といった。

ふたりはぼくと話さなくなってから中学校でなにをしていたかを開けっ広げに話した。タバコのこと。パチンコのこと。競馬のこと。万引のこと。

H君とC君は中学二年生のころから真面目に学校に行かなくなり、朝からパチンコ屋に入り浸るようになった。くわえタバコでパチンコ台の前で午前中を過ごし、パチンコで負けると中学校に行き、パチンコで勝つとそのまま町へ繰り出した。

癇が強くて、小学生のころから同級生たちとぶつかっていたC君はともかく、H君にはそうした素行不良の要素などひとつもなかった。

H君とぼくが毎日手をつないで近所を歩いていたのは小学校四年生のころで、そのころ、H君はいつもニコニコしていた。

H君とは小学校五、六年生のときに違うクラスとなり、中学校一年生でふたたび同じクラスになった。そのときにはもう、ぼくとH君とのあいだにはかつてのような親密さがなかったように思っていたが、アルコールを飲みながらH君と話していると、それはまったく違った。H君はぼくの部屋にあった漫画に影響を受け、それで歴史に興味をもった。それはたとえば、横山光輝の『三国志』全六〇巻であり、当時ヤングサンデーで連載していた小山ゆうの『お〜い！竜馬』だった。

ぼくはあのころ、てっきり、自分ひとりで『三国志』を読みふけり、『お〜い！竜馬』に夢中になっていたのだと記憶していたが、そのかたわらにはH君がいた。

中学生のH君は小学生のころのようにニコニコしてはいなかったはずだが、真剣な顔で幕末に思いを寄せ、あるいは後漢末期にロマンを感じながら、来る日も来る日もぼくの家でコミックのページをめくっていたのだった。

「本がずっと好きでいまもその仕事をしてるなんてすごいな」H君はいった。

ぼくは「そんなことないよ」といった。「それよりも、HもCも親友だったのにさ、ふたりともいつの間にかぐれちゃって、だから、おれは中学校に入ってから全然つまらなかったよ」

それは全部、ほんとうのことだった。中学二年生になり、親友だったH君もC君もぼくと話をしなくなり、ぼくと目も合わせなくなって、ぼくはとたんに毎日がつまらなくなった。だから、急速に本にのめりこみ、音楽にのめりこんだ。

ふたりが変わらず親友でいてくれたら、ぼくはきっと、全然違う人生を送ったように思う。

夜の七時にはじまった飲み会は一〇時を過ぎ、一二時を過ぎ、結局一時過ぎまで続いた。H君はひたすら緑茶ハイを空け続け、最後は泥酔したようにぼくに、「おれも活字を読むんだ。こう見えても、活字を読まなきゃ眠れないんだ」といった。

H君はぼくの地元に建つ、いちばん大きな団地にいまも住んでいる。

今年はC君と三人で忘年会をやる。ぼくたちが小学生だったころから営業していて、いまだに一度も行ったことがない団地の近くの古い居酒屋へ三人で行ってみようと思っている。

団地と雑誌

いちばん大きな団地は一四階建てで、各階には五〇世帯が入居していた。廊下は先がかすむほどに長く、エレベーターは八基あった。

ぼくの同級生の約半分はこの団地に住み、その特徴的な回廊型の長い廊下をつかってよくケイドロ（「刑事」と「泥棒」の略。ドロケイともいう）をした。

団地の西側にはサッカーや野球ができるような広い公園があり、東側には高さも広さも異なる団地が数棟連なっていて、そのうちの一棟がぼくの住む団地だった。

団地と団地のあいだの空き地はすべて子どもたちの遊び場だった。どんなに暗くて、狭い、湿ったところでも、だれかが遊んだり、秘密基地に仕立てようとした跡があった。

小学校に上がるまでは年齢とは関係なく、同じ団地に住む子どもたちと缶蹴りをしたり、サッカーをしたりして遊んだが、小学校に入学し、学年があがっていくにつれて、同じ学年の子どもたちとしか遊ばなくなった。

ぼくは数人の同級生たちといつも、団地に隣接する商店街の周辺で遊んだ。商店街には二本の排水溝があり、その上を格子状のグレーチングが覆っていた。学校が終わったぼくたちはその鉄の格子の向こうを一心不乱に見つめ、排水溝に落ちているかもしれない小銭をさがすのだった。一週間に一、二枚は必ず見つけた。小遣いをもっているときは、商店街の菓子屋で一〇円のガムを買い、木の枝にそのガムをひっつけて溝のなかの小銭をとるのだが、その一〇円すらもっていないときは商店街のゴミ箱からだれかが嚙み終えたガムを拾ってきて、それを枝の先にひっつけた。

収穫は友人たちと山分けした。商店街には菓子屋のほかに小さな本屋があり、その軒先にはゲームの筐体《きょうたい》と、ガチャガチャと、お金を入れると前後に動く幼児用の乗り物があった。ゲームは一回五〇円でプレイできる本格的なものと、一回一〇円で遊ぶことができるジャンケンのゲームがあった。ガチャガチャも当時は一回二〇円で回すことができるもののほうが多く、排水溝から一〇〇円玉でも拾おうものなら、そのつかい途にすこし迷うくらいだった。

毎月一五日に商店街の本屋に「月刊コロコロコミック」を買いに出かけるようになったのは、小学校四年生のころだ。

店のおじさん、おばさんはそっけない人で、いま思えば棚もそっけなかった。

入り口はふたつあり、左から入るとすぐ脇にレジがあり、帳場にはガラスケースが備え付けられていて、そこには万年筆や高級なボールペンが飾られていた。店で値の張るものはそれぐらいで、あとは子ども用の文具と、個人商店がつかうさまざまな伝票や茶封筒などが並んでいた。

もうひとつの入り口から入ると、右の壁はコミック棚で、そこにはファミコンソフトの攻略本や「ケイブンシャの大百科」シリーズもいっしょに並んでいた。その先には小説などのわずかな単行本と実用書が並び、向かいには雑誌棚があった。友人のお母さんが婦人雑誌を立ち読みしている姿を見たこともあったし、この町で一度も目にしたことのないおじさんが店のどん詰まりのところで成人雑誌を読み込んでいる姿を見かけることもあった。

店のなかは狭く、すべてのコミックにはビニールが掛かっていたので、本屋に長居する子どもはいなかった。棚をゆっくり見るときはなにかを買うと決めているときだけであり、小学生のころは文房具、高校生のころはファッション雑誌を買うときだけ、店に長く滞在した。

最初は「チェックメイト」という雑誌を購読していた。いくつかあった男性用ファッション雑誌のなかで「チェックメイト」はどちらかというとニュートラルな立ち位置で、当時のモデルは反町隆史や村上淳、鈴木一真などがつとめていた。

その反対に位置していたのはおそらく「メンズノンノ」で、「チェックメイト」より進取の気性があり、極端にピッタリしたシャツや、大きな襟、ダブルカフスなどの九〇年代前半の流行は主にこの雑誌が牽引していた（モデルは大沢たかお、田辺誠一らで、いしだ壱成がよく表紙を飾った）。

ふたつの最新号を本屋で手にとるときは、毎回ドキドキした。モデルたちはみな美しく、ポール・スミスやトランスコンチネンツ、ユナイテッドアローズといったブランドの服はみなかっこよかった。

店のなかで雑誌を立ち読みしていると、魔法がかかったようになった。高校生のぼくも反町隆史や大沢たかおのようにスタイルがよくなり、お洒落になったような気がして、そんなふわふわとした気持ちのまま、ぼくは「チェックメイト」と「メンズノンノ」のどちらを買うかをいつまでも決められないのだった。

この仕事、つまり本を編集し、書店に営業に行くようになってから、ぼくは商店街にあったこの店のことをよく思い出す。

たとえば、文房具売場に隣接していた文庫棚に新潮文庫があったことは覚えているし、角川文庫が並んでいたことも覚えているが、そこに中公文庫はあっただろうか？　講談社現代新書や岩波新書はすこしでも並んでいただろうか？　そんなことをうすぼんやりとした記憶のなかから、なんとか思い出そうとしているのである。

店はぼくが大学を卒業して間もなく、なくなってしまった。

二〇〇〇年代に入ると、団地から小学校に通う子どもたちは往時の半分程度にまで減ってしまっていたのであり、それに伴う文房具の売上の減少が閉店のいちばんの理由だった。

もちろん、それ以外にも原因はいくつかあり、九〇年代の前半に、小学校のすぐ近くと公園のすぐ横に、コンビニエンスストアがオープンしたことも大きかった。

子どもたちは居心地の悪い商店街の本屋の代わりに、セブン-イレブンとローソンで「週刊少年ジャンプ」や「週刊少年マガジン」を買ったのであり、子どもたちの居場所も昔ながらの商店街から、二軒のコンビニエンスストアへとあっという間に移ってしまった。

それはすごく大きな変化だった。町の風景はさほど変わらなかったが、明らかに町の中心が変わった。

それは一言でいってしまえば、大きな資本が町を牛耳るようになったということになるのだと思うが、中高生にとっては、あらゆる店から顔の見える大人がいなくなっていくという変化でもあった。

本屋のおじさん、おばさんがあまりいい顔をしなかったから、子どもたちは本屋に長居しなかった。

一方で、コンビニエンスストアには顔の見える大人はいなかった。彼らは緑色やストライプの制服を着た従業員であり、その顔ぶれもしょっちゅう変わった。彼らはだれひとりとしてお客さんの領域に踏み込んでこなかったから、中高生たちは夜遅くまで店の雑誌を立ち読みしたり、店の前でカップラーメンを食べたり、タバコを吸ったりした。

大学生になったぼくが、楽そうだという理由で選んだアルバイト先もまた、コンビニエンスストアだった。

そこは大学から徒歩一分の距離にあるファミリーマートで、ぼくは学生たちがまだ眠っている時間に店に入り、雑誌を並べ、スポーツ新聞を並べ、パンを並べ、おにぎりを並べ、五〇〇ミリリットルの紙パックに入ったジュースを並べた。

「週刊少年ジャンプ」や「フライデー」などは並べた先から次々にお客さんに立ち読みされていった。寒い時期になると、これから仕事に向かう肉体労働者たちが缶コーヒーとタバコと一緒に肉まんやおでんを買っていき、暑い時期になると、散歩のついでに立ち寄った人たちが店の前に愛犬を繫いで、牛乳やパンを買っていった。

いまのコンビニエンスストアの仕事についてはわからないが、九〇年代後半のコンビニエンスストアのアルバイトは概して楽だった。変則的な仕事はコロッケなどのフライを揚げることと、宅配便の受け付けぐらいしかなかった。ぼくは入荷した商品を棚に並べると、レジの外へは一歩も出ずに、お客さんが商品や発送物を持ってくるのをただただ待った。

当時はタバコがすごく売れた。雑誌も驚くほどに売れた。ぼくは大学を卒業すると朝だけではなく、夜から翌朝までコンビニエンスストアでアルバイトをすることになるのだが、深夜三時とか、朝方の五時でも誰かしらが雑誌の棚の前でなにかを熱心に読んでいたりした。それは「週刊少年ジャンプ」であり、「週刊ビッグコミックスピリッツ」であり、「週刊プレイボーイ」であり、「東京ウォーカー」であり、「週刊プロレス」であり、「ブブカ」だった。

女性たちがなにを読んでいたのか、ぼくは覚えていないが、仕事帰りの女性たちがパンやアルコールと一緒に「アンアン」や「キャンキャン」といったファッション誌をカゴに入れていたのをなんとなく覚えている。

社会人になって、同僚たちのカバンのなかに見たのもまた雑誌だった。

同僚がぼくの知っている雑誌を毎週、毎月購読しているというだけで親しくなれそうな気がしたし、ぼくが読んだことのない雑誌のページをめくっていたりすると、その日から、書店でその雑誌の存在が気になったりした。

ぼくは毎月、第一、第三木曜日になると会社の近くにあった書店で「ワールド・サッカー・ダイジェスト」を買い、毎月二〇日になると「ミュージック・マガジン」を買った。

子どものころに「コロコロコミック」を待ち望んでいたくらいにそれらの雑誌の発売日を待っていた、というとすこし大袈裟になるが、それでも毎月その三つの日がやってくると、朝からうれしかった。ぼくは今日、最新号の雑誌を読みながら、カレーやスパゲッティを食べ、帰りの電車でその続きを読むのだ、と思うと、退屈で仕方のない一日に光が差し込んでくるような気がした。

仕事がそんなに忙しくないときは、目当ての雑誌だけでなく、書店の目立つところに積んであった話題書も手にとった。

ぼくは会社の近くの小さな本屋で第一回の本屋大賞をとった小川洋子の『博士の愛した数式』や、当時話題になっていたジュンパ・ラヒリの『その名にちなんで』に出会って、感銘を受けたのであり、その意味でいうと、本屋はぼくにとって昔と変わらず、ぼくをどこかへと連れていってくれる魔法がかかったような場所なのだった。

本を読みなさい。

ぼくのまわりに、そんなことをいう人はいなかった。

でも、実家には本が並んでいたし、寝床で父も母も毎夜、読書灯をつけて雑誌や文庫本を読んでいたから、ぼくも自然と本というものに惹かれた。

どんなにおじさんとおばさんの愛想がなくても、歩いて三分の距離には小さな本屋があり、自転車を一〇分漕げば小さな図書館もあった。

ぼくがそのふたつの場所を好むようになったのは、いま思えば、本がたくさん並んでいる場所に身を置き、それらの背を眺めることによって、自分ももしかしたら立派な人間になれるのではないか、と信じることができたからだ。

かつて、あんなに「チェックメイト」や「メンズノンノ」に夢中になったのも、それらの雑誌を読めば、ぼくは前よりもっと洗練された美意識をもつことができると無意識に信じたからで、高校を卒業し、大学生になって、ふと文学を読もうと思ったのは、古今東西の古典を読めば、よりすぐれた人間になれる、と思いついたからにほかならない。

本を読むことで、希望を得たということではない。ぼくは五〇歳近くになったいまでも、そういう経験をほとんどしてこなかったし、一冊の本を読むことで救われたという経験もしていない。でも、ぼくは学校の帰りや仕事の帰り、本屋や図書館で本を眺め、本を実際に買い、本を読んだあとの自分を想像することで、未来にたいするぼんやりとした広がりを得た。

数年前に見た、ウォーレン・ジヴォンの『Vh1（インサイド）アウト』は、末期がんに侵されたミュージシャンが最後になにを歌い、録音するかを追った、印象深いドキュメンタリーだった。

そのなかでウォーレン・ジヴォンは、「読みたい本はあるのか？」というインタビューの問いかけに、「自分には残された時間がないからもう本は買わないのだ」と答えた。

それは当たり前といえば当たり前すぎる答えなのだが、その回答は不思議とぼくのなかにいつまでも残った。

彼が回答していることはすなわち、人はこれから先に時間があると思うから、本を買うのであって、今後の人生において時間がないのであれば、人は本を買わない、ということだ。

ぼくは本を買っても、すぐには読まない。いつかまとまった時間をとれたときにゆっくり読もうと考えて、分厚い人文書や、複数冊で完結する長篇小説をレジにもっていく。

海岸沿いのカフェや、山荘や、海辺のホテル。

これまでの人生を振り返っても、そんなところで本を読んだ経験など一度もないのに、それでも頭のどこかには、そうしたバカンス先で、くつろいで本を開いている自分のイメージがある。

そう考えると、本を買うということは、明日の、ないしは数ヶ月先の航空機のチケットを買うという行為とどこかしら似ているのかもしれない。あるいは、明日の映画や、数ヶ月先のコンサートや、スポーツのチケットを予約するという行為にも似ているのかもしれない。

いまは八方塞がりでどうにもならないけれど、とりあえず明日あの本を読もう、と思う。明日が難しいようであれば、来週こそあの本を紐解こう、あるいは、来年こそあの長篇小説にチャレンジしてみよう、と思う。

ぼんやりとそう思いながら、歯を磨く。ネクタイを締める。電車に乗る。

ぼくの二〇代から三〇代はおおよそ、そのようにして過ぎていった。

母はものを処分する人で、むかし父のために買い揃えた単行本は今ではもうほとんど家にない。『西郷隆盛』も、『翔ぶが如く』も、北海道民芸家具の背の高い書棚ですら、狭い部屋をすっきりさせるための片付けの対象になってしまった（『太宰治全集』だけはぼくの職場にある）。

団地の一室にいまも変わらず並んでいるのは、四〇〇冊ほどの「きょうの料理」だけだ。母が結婚した一九七〇年代の、背も、本文用紙もすべて焼けてしまったNHK出版の月刊誌。

若いころの母はそれらの雑誌で料理を覚えた。日常の食事だけではなく、クリスマスの料理、おせち料理などハレの日の食事も、「きょうの料理」がすべて教えてくれた。

たくさんのレシピのなかで、実際につくった料理とつくらなかった料理では、圧倒的に後者のほうが多いはずだ。でも、「つくらなかった料理」も「つくった料理」と同じくらい、母にとっては重要だったのではないか。

なんとなく手にとり、「いつか」と思うことが、読み手の生活やこころを支える。
本や雑誌を所持するということはつまりそういうことなのではないか、と最近は思う。

本づくりを商売にするということ

子どものころから書店が好きで、出版社をはじめてからは、プライベートだけでなく、仕事でも本のある場所に足を運ぶようになった。

この一〇年、二〇年でたくさんの書店が閉店してしまったが、その代わりに、たくさんのあたらしい書店がオープンした。この生々流転はどこかで落ち着き、均衡するのではなく、これから先もずっと続くのだろう。

それは幼少のころのぼくが想像していたような二一世紀ではない。すくなくとも、そろそろ五〇歳を迎えようとしているぼくが、落ち着いて仕事に専念できるような、安穏とした未来ではない。

すべてが日進月歩で進み、等しく発展していくわけではない。ある日、あたらしいなにかがオープンし（あるいは発売され）、その何かがそれまで存在していたものを瞬時に色褪せて見せてしまうのだ。

書店を例にとれば、三〇〇坪の本屋さんのオープンは老舗の五〇坪の本屋さんを古く見せるだろう。同じように、一〇〇〇坪の本屋さんのオープンは三〇〇坪の本屋さんを古く見せるはずだし、店の中央に大きなカフェを併設した本屋さんは、その一〇〇〇坪の本屋さんを前世紀の古いタイプの本屋さんに見せるかもしれない。

しかし、カフェを併設した本屋さんこそ書店のもっとも洗練された形だ、と思っていると、単行本しか並んでいないたった一〇坪の本屋さんこそがストイックで最新の本屋さんに見えたりもする。

本といわず、すべてのものはおそらくそのように進んでいくのであり、ものをつくったり、売ったりして生計を立てている身としては、その影響から逃れることはできない。

理想は、名著と呼ばれるべき本をずっと変わらぬペースで売り続けていくことだ。

けれど、その本は他社の魅力的な新刊によって、あっという間に色褪せてしまったり、あるいはその逆に、もう一度、輝きを取り戻したりする。

文章だって、それは同じであるはずだ。ぼくが若いころはそもそも、文章を書いて、だれかに発表する学生自体がすくなかったが（みな一様に恥ずかしがったのだ）、その学生たちは押し並べて村上春樹のような文章を書いた。その次の世代の人たちは、ぼくが知っている範囲でいえば、保坂和志のような文章を書き、江國香織のような文章を書いたのであり、その書かれる内容もまた、その作家たちのスタイルによって強く規定された。

村上春樹の文体をまねれば、当たり前だが、物語も、会話文も村上春樹風になるのであり、保坂和志の文体を模倣すれば、登場人物も、地の文も、見えてくる風景さえも保坂和志ふうになる。


インターネットがあらゆる人々の生活に入り込んで、小説家志望の人や、文章を書くことが好きな人以外のたくさんの人が毎日、あらゆる文章を発表するようになった。

それが、ぼくが学生だった一九九〇年代後半と現在とを比べて、いちばん大きく変わったことだ。

文章を書くということは、決していいことばかりではないだろう。

たとえば、目の前の風景を見て、美しいと感じ、カメラないしはスマートフォンのシャッターを押すとする。文章というのはその写真であり、スマートフォンのなかのデータであって、目の前の美しい風景ではない。さらにいえば、かつてのなつかしい記憶が往々にして一枚の写真に集約され、すり替えられてしまうように、文章もまた、本来は見えていたり、聞こえていたり、感じられていたりしたたくさんのことを、わずかな言葉と引き換えに忘却の底に深く沈めてしまう。

その意味でいえば、すぐれた文章とは、その忘却の底に沈んだ記憶をふたたび水面に引き上げるような文章のことをいうのかもしれないが、手垢にまみれた、紋切り型の文章もまた、書き手になにかを想起させることがあるはずだ。
思い浮かぶのは、ハンナ・アーレントの『エルサレムのアイヒマン』の次のような一節だ。

「判事たちは、被告がその生涯のいかなる時期についてもいかなる行為についても、そのそれぞれについて昂揚めいた紋切型の文句を用意していることを知って腹立たしく思うとともに失望したのだった。終戦時にふさわしい「私は笑って墓穴に飛びこむであろう」という言葉と、「世界中の反ユダヤ主義への見せしめとして私は喜んで衆人の前で首を縊《くく》ろう」という言葉とは、彼の頭の中では矛盾していなかった。事態がまるっきり変ってしまった今、この「世界中の反ユダヤ主義への云々」という言葉は前者とまったく同じく、彼の心を昂揚させる機能を持っていたのである」

アドルフ・アイヒマンは「ゲシュタポ・ユダヤ人課課長」としてホロコーストにかかわり、一九六〇年に逃亡先のアルゼンチンで逮捕される。エルサレムに移送された彼が多くのユダヤ人の前でなにを語るかは世界中の注目を集めたが、アイヒマンの口から語られたのは「昂揚めいた紋切型の文句」だった。

アイヒマンがほんとうに、「私は笑って墓穴に飛びこむであろう」と自分の最期を予期し、「世界中の反ユダヤ主義への見せしめとして私は喜んで衆人の前で首を縊ろう」と考えていたのかは、だれにも知りようがない。

それよりも注意を払いたいのは、さまざまな紋切り型の文句が、彼の本来覚えているべきはずの記憶の代わりに彼の頭にストックされていたということであり、それらの文句が彼のこころを昂揚させたということだ。

ぼくはこの「昂揚」に覚えがある。それはぼくが顔の見えない誰かをいい負かそうとするときに決まってあらわれる、抑えられないこころの働きのようなものであり、目の前の具体的なだれかではなく、大多数の人たちに向けてなにかを発信しようと企んでいるときにあらわれる、こころの震えのようなものである。

なぜ、そんなにも昂揚するのかはわからない。ぼくはインターネット回線の向こうにいるだれかと論争して興奮しているのだともいえるし、それとはまったく違って、もしかしたら恍惚としているのかもしれない。

いずれにせよぼくは、我を忘れているのであり、ふだんの言葉とは違う、紋切り型の文句(インターネット・スラングのようなものだ)をつかって、相手を傷つけようとしたり、その逆に、みなの衆目を集めようとしたりしている。

たいていの場合、我に返る。水を飲み、ハードディスクのなかの子どもたちの写真などを見て、パソコンに打ち込んでいる文章をデリートキーで削る。

でもまれに、そのままSNSや、ブログに投稿してしまうこともある。

そのとき、手のひらは汗がびっしょりで、しばらくは相手の反応が気になって、なにも手につかない。

学生のころ、こうした紋切り型の文句を小説に用いると、先生はそのことを指摘した。

そうした言葉をつかうこと自体がNGなのではない。気をつけなければならないのは、そのフレーズをつかうことで、登場人物の心情なり、挙措なり、風景なりといった描写がおざなりになってしまうことだ。

本来なら、対象を見つめ、あるいは意識を凝らして想像して書くところを、「絵に描いたように美しい」とか、「鋭い感性」とか、「深い話」などと書く。

たしかに、それで伝わることもあるし、コミュニケーションのスピードだけを念頭に置くのであれば、そうした、どうにでも受け取れるような表現を用いることが有用な場合もある。

けれど、そのような言葉をつかい続けることは、考えるという行為を、あるいは、思い出すという行為の出発点を誤らせる。

文章を書く前のほうが、あるいはその「紋切型の文句」を知らなかったときのほうがずっと豊かなイメージを胸に抱いていたのに、いくつかの便利な言葉と引き換えにそのイメージを失う。先に「文章を書くということは決していいことばかりではないだろう」と書いたのはそのような意味だ。

書くことによって見える世界や、考えられる世界が広がるのではなく、逆に、その世界が固定化し、均質化していく。

そうしたことは、文章を書いたり、意見を発したりすることのスピードと回数が重んじられる世界において顕著なのであり、ぼくの目には、言葉や表現が均質化されているからこそ、インターネットの世界はますます加速度を増し、参加者を増やしているように見える。

すくなくない人が本が売れないという。ぼくもそれを実感するし、毎日山のような情報が朝から深夜までスマートフォンの画面のなかを流れていく現代において、本というものの存在はひょっとしたら時代遅れなのかもしれないと思う。

本の企画を思いつき、それを作家に打ち明け、快諾をもらい、原稿を書いてもらう。そうして実際に本が印刷所で刷り上がるのは、どんなに早くても、最初に企画を思い立ってから一年もあとのことだ。

それだけで商売をし、生計を立てていくということは、今後ますます難しくなるかもしれない。でも、ぼくは本というものが好きだし、もっといえば、本というものの存在を信頼している。紙の本は、いわずもがなだが、一度刷り上がってしまえば、だれにも修正することができない。ぼくは未だにときどき、そのことを信じられないように思うことがあるが（すぐに修正したり、削除できたりするインターネットの世界を毎日見ているとなおさらだ）、たった一文字の誤植でさえ修正することのできないその特性は、不変性と言い換えることもできるのだ、とも思う。

ぼくの尊敬する作家は、打ち上げの席で「本の世界がホームなのだ」といった。こうして話しているいまも、早く家に帰って本を読みたいと思っている自分がいる、と続け、ぼくはその率直なものいいに深く感動してしまった。

ぼくもその作家と同じように一刻も早く目の前の人と別れ、電車のシートに腰をかけて、自分の好きな本のページを開きたくなるときがある。喋ることに疲れ、相手の目を見ることにも疲れて、子どものころのように本の語り手の言葉に一心に身を委ねたいと願う。

紙の本は、それを最初に読んだときと一言一句、言葉が変わらない。大好きな登場人物のいちばん好きなセリフは最初のほうの前から二行目。あの印象的なシーンは終盤の左ページの真ん中のほう。そんなことを、頭と手が記憶している。

「ちいさこべえ」と「ちいさこべ」

一九九〇年代の男子校の教室では、よく「ヤングマガジン」が回覧された。巻頭に若い女性タレントのグラビアが載り、「BE-BOP-HIGHSCHOOL」や「代紋TAKE2」、「お天気お姉さん」や「工業哀歌バレーボーイズ」が連載されていた。

突出して人気があったのは古谷実の「行け！稲中卓球部」であったが、九四年の秋に望月峯太郎の「ドラゴンヘッド」の連載がはじまると、男子高校生たちはみな最初に「ドラゴンヘッド」が載っているページを雑誌のなかに探した。

連載の人気が高まるとともに「座敷女」、「鮫肌男と桃尻女」もクラスで回覧され、望月峯太郎の魅力にとりつかれた高校生たちは、作家の初期の作品にまで遡って、その瑞々しい魅力に触れた。望月峯太郎は当時、高校生にとって屈指の人気作家であると同時に、見出された作家でもあったのだ。

「おもしろいな」と「かっこいいな」と「女の子、かわいいな」。単純化していえば、その三つがいまも変わらぬ作家の魅力であり、それは長編「万祝」、「東京怪童」を経て、二〇一二年より「ビッグコミックスピリッツ」で連載がはじまった「ちいさこべえ」でひとつの完成形を見せる。「ちいさこべえ」はおもしろくて、かっこよくて、「作家のすべての作品でいちばんかわいい」と断言したくなるくらいに、ヒロインがかわいい。でも、ぼくが強調したいのは、その驚くほどに洗練された「かっこよさ」についてだ。

「ちいさこべえ」はそれまでの作家の作品と異なって、原作をもつ。山本周五郎が一九五七年(昭和三二年)に発表した小説「ちいさこべ」だ。「ちいさこべ」は文化のころ(一八〇四―一八)の物語であるが、漫画「ちいさこべえ」は現代を舞台としている。それゆえ、描かれるディテールにさまざまな違いがあるが、ストーリーの骨格はほとんど同じだ。

主人公の「茂次」は突然の火事で両親を失い、大工の若棟梁として、実家の「大留」をもり立てようと孤軍奮闘する。茂次を支えるのは職人の「大」(原作だと「大六」)であり、「くろ」(クロ)であり、ヒロインの「りつ」(おりつ)であり、茂次に用立てをする銀行家の娘「ゆうこ」(おゆう)だ。

原作ではたとえば「銀行家」は「質両替商」であり、漫画だと「信用金庫」の店長となっている。りつの前職も「茶屋奉公」ではなく「キャバクラ嬢」という設定だ。

ふつうに考えると約二〇〇年という時代の隔たりは、作品の印象を相当変えるように思うのだが、それがそんなに違って見えないのは、「大工」という、今昔を比較しても仕事の本質が変わらぬ職業が物語の要になっているからだろう。

自分の腕ひとつを頼りにして金を稼ぎ、世間とわたりあう。もちろん世故に長け、組織の歯車となることでよりよい仕事をする大工もいるはずだが、主人公の茂次はそういうタイプの職人ではない。

「いまおれの云ったことを覚えててくれ、おれたちは誰にも頼《たよ》らねえ、この腕一本で大留を立て直すんだ、おれたちだけでだ、わかったか」（山本周五郎「ちいさこべ」）

「この機会に全員にも言っておく！　覚えておいてくれっ！　俺達は人にただ頼ったりしねえっ。俺達はこの腕一本で『大留』を立て直すんだ！　自分達の力だけだ！」（望月ミネタロウ「ちいさこべえ」）

こうした昔気質の職人の姿勢に漫画家の姿を重ねあわせるのは浅はかなことかもしれない。

けれど、漫画「ちいさこべえ」における一コマ一コマの美しさ、そして一見物語とは関係ないように思える料理や道具などのディテールのたしかさを目にすると、望月ミネタロウは漫画家という以上に、現代を生きる職人のようにぼくの目にうつる。

作家・山本周五郎は横浜の小学校を卒業したのちに質店に丁稚奉公をし、編集記者を経て、作家になった。権威を嫌い、直木賞も辞退して、晩年まで市井の人々を描き続けた。

山本周五郎が頼りにしたのは自身の小説にたいする腕一本であり、「下町もの」や「職人もの」などの題材に、その腕を思う存分振るった。

小説における技術とはなんであるか。そんなことはもちろんこの紙幅で書けるはずもないし、ぼくにはその力もないのだが、小説「ちいさこべ」と漫画「ちいさこべえ」を読み比べると、気づかされることがある。

思うに、言葉というものはとても不自由なもので、たとえば一分間という時間の経過を言葉で表現しようとしても、映像が一分間を表現（あるいは再現）するようには、それを表現することができない。

言葉は時間をそっくりそのまま再現するのではなく、目の前の現実や過去を「拡張」し、あるいは「要約」することで、そこから意味や物語を抽出する。

それはピッチャーがボールを投げ、バッターがそのボールをとらえる一秒未満の時間をいくつかのコマによって「拡張」したり、あるいはその正反対に、見開き一枚の大きなコマに時間を「要約」して見せる漫画と類似しているのであり、そうした表現の特性（あるいは不自由性）を知り尽くしたものこそが、語りの巧者となるだろう。

山本周五郎は洗練された技術によって、物語内の時間を「要約」したり、「拡張」したり、あるいは思い切って「省略」したりする。漫画「ちいさこべえ」は全四巻で完結するが、小説「ちいさこべ」は文庫本にすれば、わずか五九ページの中編にすぎない。

小説のなかの主人公・茂次は漫画以上に話さない。沈黙の代わりに主人公の言動を説明するのは江戸という町の空気であり、具体的な描写であって、山本周五郎の筆は、茂次もまたこの大きな町に暮らし、運命に翻弄される市井の人のひとりであるという視点から離れることはない。

一方、望月ミネタロウは茂次のこころの内面を描く。主人公は昔気質の頑固な職人であると同時に、つねにこころに葛藤を抱き、「重要な事は外の世界のどこかにあるんじゃねえかと考えて」、海外を放浪した経験をもつ、現代の若者でもある。

漫画のページをめくっていると、ときおり、茂次の葛藤や過去が一枚の大きな絵で表現される。それらのほとんどは、茂次が日本とは遠く離れた異国の地で雄々しい自然と対峙している姿なのだが、その構成の妙、そしてなによりも一枚の絵の説得力に読む者は魅了される。圧巻なのは、小説には描かれなかった「りつ」の花嫁姿だろう。ページ一枚に大きく描かれたヒロインの白無垢姿を見るたびに、幸せな気持ちになる。大げさにいえば、漫画という表現のひとつの達成点を見るような思いがする。

漫画「ちいさこべえ」の最終巻が刊行された二〇一五年の春、東京の神楽坂と渋谷で望月ミネタロウのトークイベントが開催された。漫画家は訥々とした語り口調で、山本周五郎と自分が通っていた小学校が偶然同じであったこと、もしかしたら二人は同じ景色を見て育ったのかもしれない、と語った。

そしてトークの最後を次のような言葉でしめた。

「見ての通り、僕は生き辛い人間です。人に物事を上手く伝えることができません。けれど、その努力をしようと思ってここにいます。新年度になって新しいことがあるといろいろ壁にぶつかるだろうし、いやなことが多いのが社会ですが、僕の作品が、少しでもそんな皆さんの支えになればと思います」

アルバイトの秋くん

二〇二〇年の秋に会社に一通の手紙が届いた。そこには、編集職を探していること、けれど転職活動がうまくいかないということ、できればぼくに一度会って話をしたいということが、とても美しい字で綴られていた。

ぼくの記憶が間違いでなければ、その人とは三度会ったことがあった。最初は、世田谷で開催された本の販売イベント、その次は千葉でおこなわれた一箱古本市、最後は「HMV&BOOKS SHIBUYA」でおこなわれた『本を贈る』のトークイベント。

見た目はあまり編集者っぽくなかった。どちらかというと、どこに勤めても要領よく仕事をしそうな、スマートな青年に見えた。

千葉で会ったときに、初めてゆっくりと話をした。

彼はそのとき「自分、在日なんですよ」といった。それから、「島田さん、バルサが好きなんですよね」といって、とても楽しそうにヨーロッパ・サッカーの話をした。

彼は高校までサッカーに打ち込んでいて、いまも毎週ボールを蹴っている、といった。そんな人のこと、忘れるわけがない。

思いつきで、うちでアルバイトをしてみませんか？　とメールをした。

その年の冬に事務所で会い、条件を提示した。

勤務は週一日。毎週木曜日の一〇時から一六時半まで。時給は一〇一三円。交通費は出せません。でも毎月一万円までなら本代を出します。だから、本をたくさん買って勉強してほしいです。

その人は涙をこらえた目で、ぼくのことを見た。それから深々と頭をさげて、「ありがとうございます」といった。

秋《しゅう》くんはぼくよりもちょうど一〇歳年下だった。初めて勤務する日はスーツを着て、こちらが恐縮するくらいに、ひとつひとつの指示にたいして「はい」といった。

会社の経営状態からすると、秋くんを正社員として雇用する余裕はなかった。だから、せめて本の編集にたずさわってもらうことで、それを履歴書の埋草《うめくさ》にしてもらうつもりだった。

主な仕事は本の発送と編集補助。そのころはちょうど、文字起こししなければならないインタビューが溜まっていたので、秋くんは働きはじめて早々に、始業から終業までイヤホンをつけてタイピングをしなければならなかった。

インタビューがおもしろかったら、秋くんは「おもしろいっすね」といった。でもそれ以外、余計なおしゃべりというものはまったくしなかった。聞きたいことがあったら、「いいですか？」といって、自分が納得するまで話を聞き、それから再びパソコンに向かった。


創業一一年目にして初めての採用だった。

ぼくはある時期までは意地になって、すべての仕事を自分ひとりでやると意気込んでいたが、年をとり、体力も衰えてきて、だんだんとそんなふうには考えなくなっていた。

秋くんが来る日は、すべてがとても新鮮だった。

たとえば、秋くんとぼくは好きな本がまるで違った。ぼくは文学が好きだが、秋くんは文学をほとんど読まなかった。

ぼくは自分の好きな本について、自分が好きというだけで満足したが、秋くんは好きな本、好きな作家について言葉を尽くして語ろうとした。そしてそれだけでは飽き足らず、その本をたくさんの人にプレゼントした。

秋くんは自分のことよりも、好きな人のことについて話をすることを好んだ。

ぼくたちふたりは毎週、近所の蕎麦屋さんで昼食をともにしたのだが、秋くんはカツ丼や天ぷらそばが届く前に、「この間イベントで」とか、「この間SNSで」などといって、自分の好きな人たちがいまなにを考え、なにを話しているかを熱心にぼくに伝えた。

ときどき、島田さんはどう思いますか？ と聞いた。

それは、「「いい本」ってなんですか？」というような大きな問いかけでもあり、ぼくはカツ丼を食べながら、その問いに答えようとするのだが、たいていは上手く答えることができなかった。

秋くんは『本を贈る』に寄稿したぼくの文章が好きなのだといった。

それは二〇一八年に三輪舎という小さな出版社から刊行された本で、ぼくはそこにこんなことを書いている。

「ぼくは、なにかの「全体」をだれかにまるごと伝えたい。
大げさにいえば、人生の「全体」。物語の、時間の、感情の、思いの全部。そのひとの全部。
そういう全部を伝えるのには、本という形をとるのがもっとも相応しいように思う」

この考えは、いまも変わらない。

ぼくはそのことを、あらためて秋くんに伝えたいと願うのだが、「全体」という単語をおまじないのように繰り返すだけで、『本を贈る』に書いた以上のことを秋くんに伝えることができなかった。

秋くんはきっと、どこかでぼくのこの文章を読んでくれるはずだから、あらためて、その「全体」というものについて考え、書いてみようと思う。

「本をつくる」ということは、おそらく、なにかについての「全体」をプレゼンテーションするということだ。

たとえば、ある国の歴史について。たとえば、ある時代のなにかしらの制度について。たとえば、ある言語の文法について。あるいは、ある人の人生について。

もちろん、「全体」といっても、その対象のすべてをカバーできるわけではない。

でも、「全体」をカバーしている、と表現するのが、本なのだ。

その本に書かれていないことは、著者が書けなかったのではなく、また知らなかったわけではなく、著者が必要ない、と判断した事柄だ。

書くことによってではなく、書かないことによって、「全体」はよりはっきりと浮かび上がる。

たとえば、生きとし生けるものは命のある限り、食事をし、排泄をするが、そのことが書かれてないからといって、その人物にかんして記述が足りない、ということにはならない。

原理として、すべてのことを網羅することはできない。だから、なにを書き、なにを印刷するかを、著者と編集者は一所懸命考える。

たとえば、ある一文を加える。そのことによって、本全体が輝くこともあるが、逆にその一文を加筆することによって、表現しようとしていた「全体」が損なわれることもある。そのことはテキストの最初の一文字から最後の一文字まで読まないとわからない。

著者も、編集者も、同じ原稿を何度も読む。それが経験であり、編集という仕事にかんしていえば、それ以上の経験はない。

ある本はたった三二ページしかないのにもかかわらず、読者にゆたかな読後感をもたらす（イメージしているのは、ゴフスタインの『画家』という本だ）。ある本は五〇〇ページ以上にわたって緻密な描写を連ねることによって、他のメディアでは提供することのできない最上のよろこびを読者にもたらす（プルーストの『失われた時を求めて』のことだ）。

一冊の本を通読することによって、著者と編集者は本という物体がなにを表現できるかを学ぶ。当たり前だが、五〇〇ページの本が三〇〇ページの本より優れているわけではないし、三〇〇ページの本が二〇〇ページより力作だということでもない。その作品の内容に見合ったページ数というものがあり、判型があり、装丁があり、タイトルがある。

本とは、ひとつの重要ななにかを伝えるために、その前後を無理矢理に埋めたものではないし、真新しいトピックをなんとか本という形にするために、紙の嵩《かさ》で希釈したものでもない。最初の一文字から最後の一文字まで、すべてが欠けてはならぬものとして存在しているのが本であり、すくなくとも、ぼくが尊敬している編集者たちは、そうしたイメージをもって本の企画を立て、編集をしているように見える。

それはなにも、完璧な本を目指すということではない。

たとえば、ひとりの小説家が一〇篇の短篇を書いたとする。ある編集者はそのすべての短篇を掲載するのをベストだと考えるかもしれないし、違う編集者はそのうちの七篇をとるのが作家の短篇集として最適だと考えるかもしれない。また別の編集者は半分の五篇でつくるほうが、より完成された本に近づくと考えるかもしれないし、もうひとりの編集者は三篇を厳選するほうが読者にとってもっとも好ましいだろうと考えるかもしれない。

重要なのは、その編集のうちのどれが正解かということではなく、その一〇篇、七篇、五篇、三篇のいずれの短篇集の場合も、それぞれが違う「全体」をあらわすということだ。

読者は七篇の短篇集を読んで、残りの三篇に思いを馳せるということはないし、三篇の短篇集を読んで、残りの七篇の不在について考えるということもない。

その本に書かれていないものは、「存在しない」ということと同じなのであり、その意味でいえば、編集という行為はやはり、なにかをつくるというよりも、なにかを区切り、あるいは印刷しないということによって、ひとつの「全体」を浮かび上がらせる行為なのだと思う。

一冊の本を校了するとき、つまりすべての編集作業を終えようとしているとき、編集者は（おそらく著者も）「この本に、なにひとつとして欠けているものはない」と思う。

ここに書いてあることが一〇〇％であり、この本のなかにはすべてが必然的に揃っている、と思う。

それは「完璧」という意味とはすこし違う。ある原稿は取り扱うべきテーマを然るべき紙幅で取り扱っていないかもしれないし、ある原稿はそもそも、記述がじゅうぶんに足りていないかもしれない。

それでも、その原稿を紙に印刷し、製本すれば、本は完成する。一〇〇％のものとなるのである。

いったん本が刷り上がってしまえば、何人《なんぴと》たりともその中身を変更することはできないし、最初の一文字から最後の一文字まで順番を入れ替えることもできない。

本が完成するというのは、とどのつまり、そういうことだ。

編集者にできることといえばせいぜい、修正のシールを貼るか、あるいは断裁して、その本の存在をなかったことにするかくらいだ。

ぼくは校了するとき、いつも未来からの視線を感じる。それは「未来の世界の猫型ロボット」が登場するマンガからの着想であり、未来のぼくが現在のぼくに、「ほんとうにそれでいいのか？　きみはいま、決定的な間違いを犯そうとしているんだぞ」と脅すのである。九五％ぐらいの完成度だという手応えはある。でも残りの数パーセント、なにかが足りないか、あるいはなにかが過剰なのではないか、と不安に苛《さいな》まれる。

ぼくの場合、それはしばしば「ルビ」にたいする迷いであり、ひとつの「ルビ」の有無が本の完成度を左右するのではないか、と憂慮している。ふつうに考えればそんなことはありえないのに、この本はもう世の中に出なくてもいいのでは？　と思うぐらいに校了という瞬間をおそれているのである。

読者は本を丸ごと、受け取る。

人によってはもちろん、「物足りない」と感じる人もいれば、もっと具体的に「あの原稿が載っていない」、あるいは「あるべき図説がない」と思う人もいるかもしれない。けれど、紙の本として目の前に存在している以上、その本は完成している。

逆にいえば、なにかが大きく欠落していても、あるいは致命的な誤りがあったとしても、すべてのページに文字が印刷され、乱丁、落丁がなければ、本は満ち足りたものとして成立してしまうのである。

どんなにいい加減な編集でも、どんなに突貫工事でも、それは同じだ。

魅力的なタイトルを冠され、デザインがすぐれていて、校正も行き届いていれば、ますますその本は欠点を覆い隠し、それだけでなく、著者や編集者が思ってもみなかったような「全体」をあらわす。

それが本をつくるということだ。

だから、正直、ぼくはもう、そんなに本をつくりたいとは思わないのである。

編集者としての経験が増え、以前よりも要領よく本をつくれるようになったいま、ますますそんなふうに思う。

ぼくがそういうと、秋くんは「ほんとですか？」という。

「ほんとだよ。ぼくがつくらなくても、世の中にはすばらしい本がたくさんあるし」

秋くんは眉根を寄せ、それからほんの少しの沈黙ののちに、

「でもぼくは本をつくりたいですけどね」という。「だって、編集って最高の仕事じゃないですか？　自分が好きな人に会いに行って、いっしょに仕事をしましょうよって提案できるんですよ。

それで長い間、その人といっしょに仕事ができるんですよ。こんな魅力的な仕事、ほかにないですよ」

ぼくは秋くんの言葉を聞き、なるほどな、と思う。

ほんとうに、そのとおりだ。

秋くんが帰ってからも、ぼくはしばらく秋くんが話したことについて考える。

秋くんはもしかして、ぼくのことを失望しただろうか？

来週もまた、来てくれるだろうか？

そんなふうに、秋くんのことばかり考えながら、あっという間に一週間が過ぎていく。

入社してほどないころ、秋くんはぼくにも一冊の本をプレゼントしてくれた。

それは本田哲郎神父の『釜ケ崎と福音——神は貧しく小さくされた者と共に』（岩波現代文庫）という本で、秋くんがこれまで読んだなかで五本の指に入るというくらいに、惚れ込んでいる一冊だった。

秋くんがそれほどまでに好きだという理由がわからなかったらどうしよう？

そんなふうに思いながらページをめくったが、第一章を読み終わるころには、ぼくも秋くんと同じくらいに『釜ケ崎と福音』のことが好きになった。

著者の本田神父は経歴からして、他の神父と大きく異なる。クリスチャンの四代目として一九四二年に生まれ、大学で神学を学び、若くしてフランシスコ会の日本管区長に選ばれるというエリートコースを歩むのだが、管区長の務めとして釜ヶ崎を訪ねたことで、その人生観を大きく変える。

ある日、釜ヶ崎の道路脇の植え込みにだれかがうつ伏せに眠っている。本田神父は一度は見なかったことにして通り過ぎようと思うのだが、それでは用意している味噌汁と毛布を渡すことができない。

こわい、という気持ちを押し殺して、「すみません……、毛布いりませんか……」と声をかける。

反応がないので、相手の耳元でもう一度同じことをいう。

瞬間、相手が顔をねじ曲げる。「アッ、殴られる」と思って反射的に身を引くと、相手はやさしい顔で笑っている。そして、「兄ちゃん、すまんな、おおきに」と神父に礼をいう。

この小さな出来事が神父に啓示をもたらす。

「わたしはそれまで、当然、信仰を持ってるわたしが神さまの力を分けてあげるものだと思いこんでいた。教会でもそんなふうなことしか教えていなかった。だけど、ほんとうは、違うんじゃないだろうか。じっさい、わたしには分けてあげる力なんか、なかった。ほんとうは、あの人を通して神さまがわたしを解放してくれたのではないか。そんな思いがわきあがってきたのです」

男性から「すまんな、おおきに」と労られることで、神父はそれまで背負ってきた重荷から解放されたような不思議な気持ちに包まれる。

それは一時的なことではなく、ずっと継続し、神父を立ち止まらせる。

自分はあの日、いったい、どのような経験をしたのだろうか?

神父はそのこたえを聖書のなかから探そうとする。

するとそこには、イエス・キリストがいる。イエスは石切の手間賃で生活し、「食い意地の張った酒飲み」と皆から卑下されている。しかし、イエスは底辺の生活のなかをさまよいながら、人々に力を与える。

それは一言でいえば、イエスが神の子だからであるが、同時に、イエスが「徹底して貧しく小さくされた者」だからでもある。

ふつうは、もてる者がもたない者に施しを与え、教育を与えるものだと考える。でも、聖書をあらためて精読すると、事実はどうやらその反対のようだ。

「持っているからあげてください。元気だから病気の人を励ましてあげてくださいといわれる。ならば、病気で、貧しくて、年老いていたら、みんなのお荷物になるだけなのか。みんなの哀れみとほどこしの対象で終わりなのか、ということになる、キリスト教ってそんなものだったのか。そういう大きな疑問が出てくるわけです。ところが、原典をたどってみると、そんなことは書かれていないのです。ひとことで要約すれば、力は弱さの中にあってこそ十分に発揮される、と書いてある。つまり貧しく小さくされた人たちのいつわらざる願いを真剣に受けとめ、その願いの実現に協力を惜しまないときに、人は共に救いを得、解放していただける。それが神さまの力だということです」

ぼくは本を読みながら、本田哲郎神父と対話しているが、同時に秋くんとも対話している。秋くんはこの一文をどう読んだだろうか？　秋くんはこのくだりをぼくと同じように、こころを震わせて読んだだろうか？

ぼくは付箋をほとんど貼らないし、本に書き込みをすることもまったくないが、秋くんがもっていた『釜ケ崎と福音』は付箋でいっぱいだった。

秋くんはきっと、何度も繰り返してその本を開き、読むたびに、作家のみずみずしい声を聞いていたのではないだろうか。

秋くんは結局、夏葉社で一年間働いてくれた。

ぼくと会っているあいだは折り目正しく、いつも上機嫌だったが、こころのなかではいつもなにかと全力で戦っているようだった。

ときどき、疲れ果てたような顔をして、会社にあらわれた。

「秋くん、最近調子はどうなの？」

そう尋ねると、「ぼちぼちっすね」といった。


新刊が出ると毎回、約二〇〇〇冊の本がトラックで運ばれてきて、それをふたりで汗水垂らしながら、事務所のなかに運び込んだ。

ぼくたちはまるで部活の先輩と後輩のようだった。

秋くんはとても字が綺麗だから、ボールペンで書店宛ての納品書を書くのも秋くんの仕事だった。

「〇〇書店って、どこにあるんです？」

「〇〇書店、やっぱり最高ですよね。また行きたいなあ」

秋くんはしばしば、独り言のようにそういった。

あるときはぼくがその納品書を見て本を集め、秋くんがそれをダンボールに詰めた。その逆のパターンで荷造りをすることもあった。

けれど結局、秋くんが働いているあいだに、理想的なコンビネーションというものを確立することはできなかった。

ぼくは自分のもっている経験のすべてを秋くんに伝えたくて、毎週、一所懸命しゃべった。そのころのぼくには、迷いというものがほとんどなかった。それはよくいえば「ぶれない」ということになるのかもしれないが、なにかが硬直化していたということでもあった。

老いはじめていたぼくはあのころ、ほんとうに秋くんの力が必要だったのだ。

本と家族

リーダブルということ

家には五歳の息子と三歳の娘がいるから、のんびりと本を読むということができない。ぼくの書斎はもっぱら電車のなか。片道二〇分の通勤のあいだ、毎日、本を紐解く。往復四〇分。一日も欠かさず続けていれば、年間五、六〇冊は読める。

家に積んでいる未読の本は一〇〇〇冊ばかり。そのなかで自然と手が伸びるのはどうしても最近刊行されたばかりの本になってしまうので、若いときに気負って買った古今東西の名著はいつまでも開かれないままだ。

世の中には読みやすい本と読むのに骨が折れる本の二種類があり、前者は二、三日の通勤のあいだで読めてしまう。後者は一ヶ月経っても読み終わらないことが多い。

どちらも読書であり、両者のあいだに優劣をつけたいというのではない。けれど、リーダブルな本ばかり読んでいると、骨太な本を読むことができなくなってしまう。そのことにはつねに、意識的でなければならない。

読みやすい本というのは、読みやすさに力点をおいているからこそ、読みやすいのである。そこでは、言葉は往々にして意味の通じる早さという観点から取捨選択されており、さらに言えば、厳密に言葉をつかうというよりも、意味の幅の広い言葉をつかうことで、読書という行為を窮屈にさせないという工夫がなされている。

新聞もまた、それとは違う意味でリーダブルだ。記者たちが日々もちいる言葉は最大公約数的であり、読み手によって解釈が異なるということを可能な限り避けている。

GDPとか時価総額とか推定無罪とか、紙面に頻繁にあらわれる言葉さえ知っていれば、水を飲むようにさらさらと文章を読むことができるのであり、それは新聞を読み慣れた者には快感を覚えさせるほどだ（ぼくもまた、毎朝新聞を読まないと落ち着かない）。

こうした紙面づくり、あるいは文章を書くという行為において、重宝される技術は要約ではないか。一〇行で書いた記事を五行に要約する技術。三行の文章を一行に要約する技術。

つい先日知った箴言《しんげん》に、「名詞は腐らない。形容詞は腐る」というものがあるが、たしかに新聞の文章には形容詞がすくない。紙面を飾るのは細かな情景描写ではなく、具体的な地名であって、個人の内面を想像し、描写することよりも、当事者が経験した客観的な事実を無駄なく描くことが手本とされる。そうして、ぎりぎりまで削ぎ落とされた文章には形式美のようなものさえ宿る。

その新聞よりも読みやすい文章が週刊誌の文章であり、さらに読みやすいのがインターネットの文章だ。そこで幅をきかせているのはおそらく読みやすさというよりも、マーケティングに近い価値観だろう。

文章は読まれなければ意味がないというのはひとつの正論だとは思うが、読まれるという目的のために、多様なものを十把一絡げに捉えたり、本来は複雑なものをひどく単純なものに見せて書いてしまうのであれば、それはもはや要約という技術の話ではなくて、センセーショナリズムに堕したなにかではないか。

文章にも流行というものがある。古い本を紐解けば、あるいは二〇年前の雑誌を開いてみれば、当時の文章といまの文章がいかに違うかに驚く。

しゃべり方にだって流行がある。九〇年代の若い女性の話し方といまの女性の話し方は違うし、八〇年代の知識人たちといまの知識人たちの話し方はまるきり違う。たまにテレビで流れる昭和の映像を見て、ぼくはそのことに驚く。

要するに、いまの時代にぴったりとあった文章がリーダブルなのだ。そこに書かれている内容もまた、我々にとって身近なことについて書かれているわけだから、読みにくいわけがない。

いまの時代を知りたいと願うとき、ぼくはそうした本を読む。けれど、それは同じ時代の流れのなかで、その流れに身をまかせながらものを見るということであり、結局はなにをも見ることができていないのではないか、と思う。

ものを見るために必要なのは、その流れから然るべき距離を置くということであり、そのためにはいまの時代と離れた言葉で書かれた古典を読むことが有効だと思う。

『アンネの日記』

昨年、文春文庫の『アンネの日記　増補新訂版』を読んだ。

小学生のころ、夏休みの読書感想文を書くためにアンネの伝記を読んでいたから、ずっとその内容を知っていた気になっていたけれど、実際、この歳になって日記を読んでみると、受ける印象はずいぶんと異なるのだった。

アンネは驚くほどに早熟で、文章に長けた少女だった。けれど、それ以上に驚いたのは、この日記には細部しかないということだった。

プライベートな日記だから、それは当たり前なのだろう。ページをめくってもめくっても、そこには「アンネがなにをし、同じ住居に暮らす人々がなにをし、アンネが彼らをどう思っていたか」しか書かれていない。

もちろん、その日々のなかには、いよいよナチスに捕まるかもしれないという緊迫の瞬間があり、一方、ペーターへの恋という物語的な要素もあるが、少女の日記はどこまでも少女の日記のままだ。

でも、だからこそ、こころに残る。あたかも、アンネが自分の知り合いのように見えてくる。古典というのは、そういうふうにして、多くの人々のこころに届き、読みつがれていくのだろう。


たいせつなのは、個人的なことだ。その人にしか感じられないよろこびや悲しみ。あるいは、ほかの人からすればどうでもいいような人間関係。そういうものが守られなければいけない。

いや、あんな大きな悲しみに比べれば、私の悲しみなんてたいしたことない、とか、地球の裏側ではもっとたいへんな目に遭っている人たちがいるのだから私はがんばらなければいけない、とか、そういう比較は有用なようで実はそんなに意味がない。それは往々にして、私にしか理解できない悲しみや悩みを過小評価してしまうことに繋がる。

読書がもたらしてくれる想像力とは、そういうものではない。地球の裏側の人たちの暮らしよりも、隣人の、クラスメートの、同じ会社で働くひとたちのこころを想像する力。その想像力がやがて、アンネにも及ぶのだ。

ぼくは、アンネのような小さな声をたいせつにしたいと思う。注意して聞かなければ聞き取れないような声にこそ、耳を澄ませ、そこから企画を立ち上げていきたいと思う。小さな出版社の役割とは、そういうものではないだろうか。

売れないより売れるほうがいいに決まっている。けれど、売れることだけが目的となると、本の存在価値はとたんに揺らぐ。その言葉も、その内容も、マーケティング的になり、個人からどんどんと離れていく。

さまざまな個別なことを分類化し、抽象化するという行為は、知性によってなされるものであり、それもまた本がもたらしてくれるものだ。

そうした知的な要約なしに、大きな歴史の流れは見えてこないし、哲学や経済学といった諸学問も生まれない。

その意味で、本とは、なにかを要約し、抽象化し、編集することによって、初めて生まれてくるものなのかもしれない。

けれど、そうした本の力、あるいは言葉の力はときに暴力的にもなりうる。

昨今のベストセラーのなかの韓国や中国の人々の描写に顕著なように、そこには暴力的としかいいようのない個の類型化がある。「韓国人や中国人はみんなこういう人たちなんです」といったような文章には、知性がないし、もっといえば、そこにはマーケティングしかない。それは想像力を養うどころか、想像力を奪う。

ぼくが尊敬する書店の店主は、「本は弱者のためのものだ」といった。ぼくはその言葉に勇気づけられるし、そこに自分の仕事の価値を求める。

ぼくもまた、こころが沈み込むような暗い時期に、本屋さんに、図書館に救われた。

そこで、自分の人生を変えるようなすばらしい物語に、運命的な言葉に出会ったというのではない。世の中にはたくさんの本があるのだ、という事実が、ぼくの暗いこころを慰めたのだ。

それはつまり、世の中にはたくさんの人間がいて、たくさんの考え方があり、生き方があり、言葉があるということだ。

そのなかのひとりがアンネであり、『アンネの日記』がぼくに教えてくれたことは、個人の日々の生活の先に、普遍的なものがあるということだ。

『彼女は頭が悪いから』

昭和四〇年代に刊行された図書館の本を読んでいたら、当時の市立図書館の分類が掲載されていた。

それは次のようなものだ。

「1，歴史に学ぶ　2，社会の動き　3，ビジネス　4，婦人・家庭　5，からだと健康　6，心の問題　7，教養を高める　8，レジャーを楽しむ　E，随筆・記録　F，小説」

この図書館の分類が、本のなかでわざわざ取り上げられているのは、読者に親しみやすい分類法の一例としてであり、当時のすべての図書館がこの仕分けによって本を管理していたというわけではない。

でも、ぼくはこの創意的な一〇のジャンルを見て、驚いてしまった。並んでいる順番によって発見させられたという感が強いのだが、最後の「F，小説」というジャンルだけが他のジャンルと異質なのである。

小説以外のジャンルは、どちらかというと実用的である。それらは何かしらの事実に基づいて書かれたものであり、書き手は過去の出来事や、経験、あるいは科学的な事実をとおして読者に知恵を伝える。

もちろん、小説もまた、過去にあった出来事や、個人的な経験を下敷きに描かれているし、科学的な事実だって小説とは無関係ではない。

けれど、小説は、まず書き手の空想によって描かれる。

空想でないものは、一般的に小説とは呼ばれない。


ぼくは若いころから小説が好きで、いまもいちばん好きなジャンルは小説、あるいは文学である。

これらの文章に慣れ親しんでいると、他のジャンルの文章を物足りなく感じる。

小説の文章は、読者にその世界がほんとうであると信じてもらうために綴られるのであり、読み手に「この世界は嘘だ」と感じさせるような箇所がたったひとつでもあれば、その世界はたちまち瓦解してしまう。

それは書き手の頭のなかの景色を創造するための文章であり、すぐれた小説には、最初の一文字から最後の一文字まで緊張感がある。

あるいは、「美しさ」と呼びたくなるようなものがある。


年始に読んだ姫野カオルコさんの『彼女は頭が悪いから』は小説だ。実際にあった事件を下敷きにしているが、ノンフィクションではない。

作家は被害者のこころのうちを想像し、加害者のこころのうちを想像し、たくさんの場所を想像する。

その試みが実を結んだとき、フィクションはノンフィクションを凌駕するように思う。

子どもたちの世界

私立の幼稚園にどこも入れなくて、息子は二年保育の公立の幼稚園に通っている。たのしそうに幼稚園に行くときもあるが、たいてい、なにを考えているのかわからない様子で園舎に入っていく。「おはよう」とクラスメートに声をかけられても、そっけない。

公立の幼稚園にはさまざまな子どもがいる。外国籍のおかあさんに育てられて、日本語がおぼつかない子どももいれば、年長になっても、言葉がほとんどしゃべれない子どももいる。つねに落ち着きがなく、毎日のように教室を飛び出してしまう子どももいれば、まばゆいばかりの光を放って、こちらが敬語で話してしまいそうになるくらい大人びた子どももいる。

そうしたさまざまな個性のなかで、彼らは友だちをつくり、ルールを決めて、自分たちの小さな社会をつくる。うちの息子はといえば、二人の男の子たちと三人で主に屋内で遊んでいる。

昨年の冬、その親友というべきひとりの男の子が親の事情で転園してしまった。最後の登園日の前日、男の子は息子に手紙をくれた。「いっしょにあそんでくれてありがとう」。それから息子も無性に手紙を書きたくなったらしく、その親友の男の子にではなく、サンタクロースに手紙を書いた。

息子は肘を張り、力いっぱい、鉛筆を動かす。はじめのころは書き順をていねいに教えたり、苦手な字を何回も書かせたりしていたが、それでは字を書くことを嫌いになってしまうかもしれないと考えて、以来、好き放題に字を書かせている。

四歳の妹もサンタクロースに手紙を書きたいというので、息子が代筆をした。「いい子にしてなければ、プレゼントはもらえないよ」とぼくたちから常々いわれているので、文面は「さんたくろーすさん　はやくおちつきます」という殊勝なものになった。娘はそれでもその手紙を気に入ったらしく、リビングの壁にセロハンテープで貼り付けて、ぼくや妻にそれを指さす。そして、そのたびに「手紙書いたの」という。

子どもたちが親の願いどおりには育たないと気づいたのは、いつのことだろう。

エレベーターに乗るたびに階数を照らす数字の読み方を教え、その努力がまったく実らないと理解したときか。あるいは、夜の八時に公園に行くと泣きせがまれ、さとすこともできずに、ブランコに乗る娘の小さな背中を押し続けたときか。

正確には覚えていないけれど、あるときから、彼らには彼らの人格があるというふうにしか思えなくなった。松田道雄の文章を読むと、ますますそう思う。

著述家でもあるこの医師との最初の出会いは、長男が生まれる直前だった。喜多見の古書店で偶然、『定本　育児の百科』に出会った。現在入手できる岩波文庫版ではなく、石亀泰郎の写真がたくさん入った大判のものだ。

子どもが誕生してからは、彼らが病気になったり、子育てで困ったことがあったりすると、この本を手にとった。その後も必要に応じていくつかの育児書を買い求めることになったが、いまなお書棚に残っているのは『定本　育児の百科』だけだ。なぜだろう。

たとえば、我が家の長男は同年齢のほかの子どもと比べると過敏で、忘れ去りたい嫌なことをいつまでも嘆いていたり、ときに思い出して怒ったりする。彼は友だちだけではなく、妹にでさえ自分の意見を言うことを恐れているし、幼稚園でもひとりで本を読んでいることが多い。

そういうとき、「いちばんいけないのは、生まれつきの性格として感じやすいのを、「君のそだて方がわるい」といって父親が母親をとがめることだ。そういう父親はスパルタ教育の信者で、子どもはきたえればつよくなると信じて、体罰をくわえたりすることがよくある。そうなると、子どもはいじけてしまって、のびられない。人間のなかには、そういうデリケートな性質の人がいるのだ。世界を美しくしてくれるのは、そういう人だ」なんていう文章に出会ったら、父親と母親はどれだけほっと胸を撫でおろすことだろう。

子どもは大人の真似をし、それをよろこぶ。その意味で、子どもの小さな社会はいつでも大人の社会から強く影響を受けている。ぼくたち大人が効率性や合理性を必要以上に重んじたり、コミュニケーション能力のみを高く評価するようなことがあったりすれば、彼らはよかれとばかりに、そのように振る舞うだろう。

松田道雄は子どもを尊《たっと》ぶ。子どもを観察し、その目でもって社会を眺め、ふたたび子どもを見つめる。その循環はいつまでも古びないし、『松田道雄　子どものものさし』に収録されているいくつもの文章がそのことを鮮やかに証明している。

宿題

小学生に課される宿題の量は「学年×一〇分」が目安なのだそうだ。つまり一年生だと、「一×一〇分」で一〇分。六年生だと「六×一〇分」で六〇分。担任はそれぐらいの時間で終わらせられるであろう宿題を生徒たちに課す。

我が家の長男は現在、小学二年生。目安からすると、宿題は二〇分で片付けられるはずなのだけれど、その時間内に終わったことはない。毎回一時間とか、一時間半とかかかる。

ぼくは息子の机の横でじっとそれを見ている。

「集中、集中！」

毎日のように息子にそういう。

息子はそうすると、夢から覚めたようにハッとした顔をして、漢字の書き取りを続ける。あるいは、九九の算数ドリルに取り組む。

六畳の部屋には、ぼくと息子だけがいる。妻は隣りの部屋で、娘とお人形遊びをしている。

息子はたまに、学校であったことをぼくに打ち明ける。その告白はいつも「あのさ……」ではじまるのだが、その「あのさ……」を聞くたびに、自分の身体がギュッと縮こまるのを感じる。

たいていはクラスメートの話だ。でも稀に、息子が「いやな思い」をした話が訥々《とつとつ》と語られる。

ぼくは息子の話を聞き終わったあと、こういう。

「Sちゃん。Sちゃんの命はとても大切だけど、Sちゃんのこころも、命と同じくらいたいせつなの。だからね、こころを守るの」

「うん。わかった」

息子はわかったような、わからないような抑揚のない声でこたえる。そして、ふたたび宿題に向かう。

でも、お父さんは全然いい足りない。

「いやなことをいう人はさ、学校じゃなくても、大人になってもいるよ。残念なことだけど、意地悪い人っていうのはどこにでもいるの。でもさ、いい人もいるよ。だから、Sちゃんはさ、いい人とだけつきあえばいいの。大人になっても、いい人とだけつきあえばいいの。パパはそうしてるよ。だから、パパのまわりの人はいい人ばっかりだよ」

息子はぼくの目を真っ直ぐに見つめているが、何度も聞いた父の話にすっかり飽きている。

ぼくは、「ごめん、ごめん。宿題やろう。はい、集中集中」といい、息子の机の隅に置いている平野謙の『文藝時評』に手を伸ばす。

息子は鉛筆を削り、けれどものの数秒で、その尖った先端を折ってしまう。

「あっ、折れた」

「気をつけてって、いつもいってるじゃん」

それから一〇分もしないうちに、息子は「のどが渇いた」といい、冷蔵庫へ向かう。そして口の端に牛乳をつけて、机の前に戻ってくる。

「牛乳ついてるよ」

息子はふすまをあけて、妻と娘がいる部屋へティッシュペーパーをとりにいく。そこで娘となにかしゃべりはじめる。

こんなことの繰り返しだから、毎回一時間も一時間半もかかるのだ。

ピカピカの息子

小学校一年生の息子が先生に叱られて泣いている。涙が止まらず、さようならの挨拶をしているときも、上履きを下駄箱にしまって靴に履き替えるときも、泣いている。涙は息子の顔のよごれを洗い、白いマスクを汚す。

同級生がそれを見つけて、「どうしたの?」と聞く。でも、息子はそれにこたえられない。

○○先生に怒られたの? そう聞かれて、息子は小さくうなずく。

そのとき同級生がいった台詞が振るっている。

「○○先生は△△大学出の、まだ二年目だからさ」

その同級生はきっと、自分がなにをいっているのかもわかっていない。でも親たちがよくそういっているから、それをまねている。

息子ももちろん、わからない。でも、同級生が自分を慰めようとしてくれていることだけはわかる。

その同級生はおしゃべりが上手で、利発で、とてもやさしい子だ。ぼくは彼がどんな表情で、どんな仕草で息子に寄り添っていたか、すぐそばで見ていたように想像ができる。

彼のような子がなぜ、息子をそんなに気遣ってくれるのかはわからない。おそらく、お父さん、お母さんがやさしいのだろう。「困っているお友だちがいたら助けてあげるんだよ」と、自転車の後部座席に座る我が子に毎日、諭し続けたのかもしれない。

我が家の息子は運動も勉強も苦手で、コミュニケーションも苦手。自分の興味のあることだけを一方的に相手に話すタイプだ。いつもなにかに夢中で、幼稚園に入るまでは乗り物、幼稚園に入ってからは水木しげるの妖怪、小学校に進学してからは「コロコロコミックス」とテレビゲームのとりこになっている。

その同級生は息子を見ると、「Sちゃん！」と大きな声で呼んでくれる。息子もうれしそうに、「Aくん！」と返事をする。

彼らの会話は続かない。でも学校や道で出会うと、うれしそうに「Sちゃん！」「Aくん！」とお互いの名を呼び合う。

子どもたちの様子を見ていると、人間がどのように言葉を獲得し、意味を学び、そして社会に足を踏み入れていくかを、観察しているような気持ちになる。

幼いころはだれもが、自分の話したいことを話す。それはなにかを伝えたいというより、言葉のつかい方を試しているかのようであり、「話す」というよろこびに満ち溢れている。

彼らは相手が笑えば、それこそ一〇〇回でも同じことをいうし、「なんでそんなこと知ってるの?」と大人が聞き返したりすると、とても誇らしげな表情をしたりする。

彼らは友だちの言葉をまねる。テレビの言葉をまね、親の言葉をまね、先生の言葉をまねる。そうして、彼らのなかで共通言語をつくり、次第に均質的になっていく。

先日、新聞でAI研究者の松原仁がこんなことを話していた。

「人間はなぜ『もっともらしい』ことが言えるのか。色んな文章や会話を見聞きして、それらを意識的・無意識的に組み合わせ、発話したり、書いたりしている。文法は後付けの知識で、実は人間が言語を習得するプロセスもAIの学習とそう変わらない」(朝日新聞二〇二三年二月一六日)

この研究者の話していることと、Aくんが「〇〇先生は△△大学出の、まだ二年目だからさ」と話した事実は、ぼくのなかでピタリと重なる。

ぼくたちはなにかを意味ありげに話しているつもりで、いつも誰かが過去に話したり、書いたりしていたことを無意識的に引用し、組み合わせているに過ぎない。

そうしたことが空しい、とか、オリジナリティなんていうものは存在していない、とか、そういうことをいいたいわけではない。ぼくが引っかかるのは、「もっともらしい」ことをいう力のことだ。

子どもたちは大人たちのまねをしてしゃべる。その「まね」がうまいというのは、声質を模倣する「ものまね」がうまいというのとは違って、その言葉をどういったシチュエーションで使うかを心得ているかどうかによって決まるだろう。

Aくんの例を引けば、Aくんは明らかに「○○先生は△△大学出の、まだ二年目だからさ」というタイミングも、それをいう相手も間違っている。だから、大人であるぼくたちはつい笑ってしまう。

でもいずれ、Aくんはそれをもっとも適切なタイミングでいう力を身につける。

それが「もっともらしい」ことをいう力だし、もっといえば、コミュニケーション能力ということだと思う。

「精神発達」には、白紙で生まれた子どもに環境からさまざまなものが描き込まれて、その子その子の「個性」がつくられるという古くからのイメージがある。しかし、実際は逆。米国の精神医学者チェスらが取り組んだ乳児の気質研究が明らかにしたのは、子どもは生物的な個体差として、感覚性、感受性、反応性、活動性、その他さまざまな資質において、一人ひとりのちがい、大きなばらつきをもって生まれてくる事実だった［チェス＆トマス1981］。考えようでは、生まれ落ちたときがもっとも「個性的」なのである。

ただ、それらがそのままキープされて成長するのではなく、その個性（生物的な個体差）のばらつきが環境との相互作用によってしだいに均《なら》されて、社会的な「平均人」に向かっていくプロセスが定型的な精神発達なのである」

精神医学者の滝川一廣が書いた『子どものための精神医学』（医学書院）を読むと、ここには、ぼくが子育て中にぼんやりと考え続けていたことの大部分が活字化されている、と感じる。それは本を読むことのよろこびそのものであり、ぼくはページをめくりながら、大きな声で「そうか」とか、「やっぱり」とかひとり言をいっていたのではないだろうか。

子どもたちはみな一人ひとり違う。それは言葉をまだうまく話せない一～二歳児の子どもたちを見れば明らかだ。

ある子どもはニコニコとだれとでもしゃべるし、ある子どもは身体を動かすことにとにかくよろこびを感じている。ある子どもはマイペースにいつまでもひとりで遊んでいるし、ある子どもはこだわりが強く、自分のルールが破られることを徹底していやがる。

彼らは強い個性をもって生まれてきて、すこしずつ社会のなかに足を踏み入れ、社会の規範と意味を学ぶ。その規範と意味をうまく理解できない子は、少しずつグループから外れていく。


「なんで信号は緑なのに青っていうの？」

あるとき、息子がぼくに尋ねる。

「たしかに緑に見えるよね。でもみんな、青っていうんだよ。だから、青って覚えておくんだよ」

はなはだ不誠実な回答だと思う。でも、ぼくは息子にそうとしかこたえることができない。

お父さんは友だちや仕事の相手と話をしているときに、そもそも仕事ってなんなんでしょう？とか、ぼくたちはなんのためにここにいるんでしょう？　なんてことは話さない。

それを話すのがいやだとか、それを話すとややこしくなるということではない。

その意味は、いま目の前にいる人と共有していると信じたいから、少なくとも毎日の社会生活のなかではそこに立ち入らない。


「T領域のもつ認識社会は、乳幼児期からのまわりの人びととの密接な相互交流を通して、社会的にひろく共有されている「意味（概念）」をいわば肌で覚えていくことによって形成されている。社会的な共同性を深い土台とした「意味」の世界である。

それに対してC領域のもつ認識世界は、密接な相互交流を通していないため、社会的な共同性の土台に乏しい。もっぱら自分自身の認知的（感覚的）なとらえだけを土台にして、それに自力で（独学的に）「意味（概念）」を与えていくことだけで形成された認識世界となる。自身の感受性を深い土台とした「意味」の世界である。このため、通常なら認識の発達につれて後退する認知的（感覚運動期的）なナマの感覚性が、認識を発達させたあとにも残り、むしろそれが認識世界のベースとなっている」


もう少しだけ踏み込んで、『子どものための精神医学』の内容を紹介したい。

ここでいう「T領域」とは「定型発達」であり、平均的な発達のことを指している。一方、「C領域」はアスペルガー症候群と呼ばれるコミュニケーション能力に乏しい発達を指し示しており、この領域に属する子どもたちは「自閉スペクトラム症」と診断され、一般的には「発達障害」と呼ばれることも多い。

たとえば、みんなが「青」といっているから、信号は「青」なのだと理解するのが平均的な発達であり、みんなが「青」といっていることがまったく耳に入らないのがそうでない発達といったら、少し乱暴だろうか。

子どもたちは親から言葉を学び、意味を学ぶ。幼稚園に行けば、先生や同級生たちから意味を学び、小学校にあがれば、さらにたくさんの人たちから複雑な言葉とその意味を学ぶ。けれど、その意味をうまく理解できない子どもたちもいる。みんなが「あはは」と笑っているのに、なにがおかしいのか分からない子ども。みんなが同じものを見ているのに、まったく違うものを見ている子ども。「社会的にひろく共有されている「意味（概念）」」よりも、自分の見たいもの、こころのなかにあるものをいつまでも見ている子ども。

ぼくはいつしか、そういう子どもたちのことばかりが気になるようになっていた。

運動会ではひとりだけ輪から外れている子ども。

授業中は先生の指示通りのことができず、不安げにまわりをきょろきょろと見回したり、あるいは、我関せずとばかりになにかを空想している子ども。

みんなが夢中になっている話題に興味をもてず、自分の好きなことだけを一方的に語り続ける子ども。

コミュニケーション能力が高いというのは、その言葉がその仲間内でどのような意味でつかわれているかを瞬時に理解できる力のことをいうだろう。

彼らがその言葉を良い意味でつかっているのか、悪い意味でつかっているのか、はたまた、まだ手探りでつかっているのか、それをすぐに見極めることのできる能力。

それはおしゃべりがうまいというのとは違う。聡明というのでもない。

たとえば、「かわいい」という言葉が、あるいは「ジェンダー」という言葉が、その仲間のなかで、クラスで、会社で、どのような意味でつかわれているかをうまく理解できないとき、わたしたちはその言葉をつかうことを注意深く避ける。たとえ、その言葉を辞書的な意味として理解していても、目の前の人たちがその意味の通りにその言葉を使用しているかどうかはわからないからだ。

話している内容の文脈だけでなく、相手の表情や声の抑揚、わずかな身体の動きなどを加味して、わたしたちはその言葉の意味を類推する。それはその「意味（概念）」が正確かどうかとはほとんど関係がない。

そんな仲間内の「意味（概念）」とは関係なく、あくまで自分なりの「意味（概念）」でしかその言葉を捉えられないことがすなわち、コミュニケーション能力が低いということになるのだと思う。

「空気を読んで」

いまどきの小学生はそんなこともいう。

でも、いわれた側は、そんなことをいわれても、なにがなんだかわからない。

「パパ、ぼく空気を読んでる?」

ある日、お風呂場で息子がぼくに尋ねる。

「なんで?」

「なんとなく」息子はいう。

「空気を読むっていう意味はわかるの?」

ぼくが息子に尋ねる。

「うーん、わかんない」

息子はまだ小学校三年生になったばかりだ。わかるかどうか、ぼくには想像がつかない。

でも、そうした言葉をつかう同級生がいるだろうことはなんとなく想像がつく。


わんわん。

ぶーぶー。

ぱぱ。

まま。

かつては、目に見え、手で触れることができるものに名前を与えることだけが、言葉であり、意味だった。

けれど、年齢を重ねていくにつれ、目の前にあるそのものよりも、「意味（概念）」のほうが優先される。

信号はたしかに緑であるはずなのに、「青」であるという「意味（概念）」のほうが重んじられる。

つまり、視覚より、聴覚より、触覚より、知覚のほうが先にくる。それが平均的な成長ということだ。

知らない町の知らない駅に降り立ち、大人が不安にならないのは、目の前にあるすべてのものに「意味（概念）」を付与できるからだ。

駅の売店。切符売り場。駅ビル。ファストフード店。大手学習塾。信号。大通り。山。空。それらは初めて目にするものでさえ、すでに既知のものであるかのように認識され、「なんだか懐かしいな」とか、「〇〇駅に似ているな」などと、見るものに思わしめる。

けれど、生まれたばかりの赤子はそうではない。目に見えるものだけでなく、音も、匂いもほとんどがそこで初めて経験するものばかりだからだ。

それらに「意味（概念）」を与えるのは親の役割であり、「ぶーぶーだね」とか、「うなぎの匂いがするね」などと絶えず赤ん坊に話しかけ、我が子に社会の見方を教える。

そうしたコミュニケーションは、『子どものための精神医学』から再度引用すれば、「乳児は外界のあらゆる事物、あらゆる刺激に万遍なく探索の目を向けている。しかし、その目がたまたま社会的に意味をもつ事物に向けられるとまわりのおとな（とりわけ養育者）はすぐにそれに気づき、「お花ね」「ワンワンね」と声をかけ、自分も一緒に注意を向ける。社会的にさして意味のないものを乳児が注視しているときは気づかないか、気づいても「壁のシミね」「天井と壁の境目ね」と声をかけて一緒に注意したりはしない」ということである。

つまり、大人は乳児に「意味（概念）」を教えると同時に、なにを認識すべきで、なにを認識すべきでないかの濃淡をも教える。それにのっとって、子どもたちは社会を見つめる。

けれど、その視線をうまく共有できない子どももいる。それがつまり「C領域」の子どもたちで、彼らは「自分自身の認知的（感覚的）なとらえだけを土台にして、それに自力で（独学的に）「意味（概念）」を与えていく」。

ぼくがこの文章を書きながら、ずっと頭に思い浮かべているのは、文学のことだ。

文学は社会的な「意味（概念）」を揺さぶり、それにあたらしい意味を与える。

ぼくは自分の子どもの成長を目にするまで、文学者たちというのは、「社会的にひろく共有されている「意味（概念）」」をひととおり身につけたあとに、カウンター的にそれを壊していくのだと思っていた。

もちろん、そうした作家もいるだろう。

でも、そうではない作家もいるはずだ。

彼らは幼いときから、独自の鋭い感受性をもち、その感覚をベースに世界を見つめ、言葉をつむぐ。たったひとりで。ずっと。

個性的であるというのはとてもつらいことだ。

でも、だからこそ、その人にしか書けないものを書き、それが読者を感動させるのだ。

「Sくんは○○かもしれません」

「Sくんは○○だから、○○に通うことをおすすめします」

「Sくんは○○ですね」

幼稚園の先生、学校の先生、臨床心理士、医師、さまざまな人たちが息子の特性を親であるぼくと妻に教えてくれる。

その特性を耳にして、息子を見つめると、息子はさっきまでの息子ではない気がしてくる。

息子は最近、ひとりで楽しそうになにかをしゃべっている。レゴの人形を両手で操りながらごっこ遊びをしているときもあれば、父親の部屋でなにかを実況しているようにしゃべっているときもある。

「なにしてるの?」と聞くと、息子はニコッと笑って「遊んでる」とだけいう。

以前は学校が終わるとまっすぐに家に帰ってきたが、このごろはたまに道草をするようになった。

下校する友人の家の前まで一緒についていったり、コンビニの駐車場の前でクラスメートと長時間話し込んだりしている。

同級生たちは息子と話をしていて、たのしいのだろうか、と思う。

息子は口を開けば、テレビゲームのことばかり話す。でも、遠くから見ていると、ふたりは笑っている。きっと、子どもたちにしかわからないことがあるのだろう。

特性の向こう、「意味(概念)」のおよばぬ世界で、息子はいつもピカピカに輝いている。

声

本を読むということは、だれかの声を聞くということに似ている。

なにをしゃべっているかというその内容よりも、大きな声か、小さな声か、やさしい声か、さみしい声か、そういうことに注意を払う。

大きな声や、流暢な語りでは伝えられないことがある。

それよりも自信のない声や、いい淀む声、朴訥な声や、なにかに身を捧げるような静かな声のほうに真実味を感じる。


たとえば、八〇%の「よいこころ」と二〇%の「悪いこころ」で構成されている人間がいるとする。それはその真逆の、八〇%の「悪いこころ」と二〇%の「よいこころ」でもよい。

ぼくの嫌いな声とは、その八〇%の「よいこころ」と二〇%の「悪いこころ」をとりあえず一〇〇%の「よいこころ」とするような声であり、八〇%の「悪いこころ」と二〇%の「よいこころ」を一〇〇％の「悪いこころ」にするような声だ。

そこには相手に有無を言わせないような声の大きさがあり、そんな細かいことどうでもいいじゃないか、というような見せかけだけの大らかさがある。

ぼくの好きな本の声は、思い返してみると、どれも似ている。

それは朴訥で、どこかさみしさを含んだような声であり、こう書いていて思い出すのは、大学時代からずっと付き合いのある吃音症のＩのことだ。

Ｉのお母さんは彼が高校生のときに亡くなったといった。だからだろうか、Ｉは人のこころの機微に敏感であり、やさしかった。

教室で最初に会ったときから好きだったし、いまも好きだ。

Ｉと話していると安心する。一九歳のころも、いまも。

そば屋さん

「あれは名作だよ」とか「古典だよ」といわれると、読まないではいられないタイプで、さらにその名作、古典が何巻にもまたがる長篇だと、征服欲のようなものまでわいてきて、その本を読む前からなんとなくこころが高ぶっている。

それは文学だけではない。漫画にかんしてもまったく同じで、つい昨日も水島新司の『野球狂の詩』（全一七巻）を読み終えたばかり。いつもなにかを読んでいないと気がすまないのだ。

最近はプロ野球に夢中なので、近所のそば屋さんへ行くと、スポーツ新聞を広げ、セ・パ両リーグの個人成績をじっと眺めている。でもその前は長いあいだ漫画ばかりを持ち込んで、それを読みながら、カレーうどんやカツ丼を食べた。

「おにいちゃん、また古い漫画読んでるの？」

そば屋さんでは毎回のようにそう聞かれた。質問の主はぼくより少し年上の男性で、いつも興味深そうにぼくがもっている漫画の表紙を覗き見た。

それはあるときはちばてつやの『おれは鉄兵』(全三一巻)であり、あるときは小林まことの『1・2の三四郎』(全二〇巻)だった。また、あるときは雁屋哲と由起賢二の『野望の王国』(全二八巻)であり、あるときは永井豪の『完全版　バイオレンスジャック』(全一〇巻)だった。

「おれもそんな漫画知らないよ」

男性は長く話し込むのでもなく、毎回一言二言、そんなことをいうのだった。

店は彼の両親が営んでおり、彼と外国籍の彼の妻はホールで注文をとったり、出前に出かけたり、調理補助をしたり、皿洗いをしたりした。

「びっくりした。すごく痩せたから」

あるとき、年配のお客さんが彼の姿を見ていった。

「毎日走ったんだよ」

彼はお客さんにたいして敬語をつかうということがなかった。

「前は一〇〇キロ以上あったんだよ。信じられる?」

痩せたとはいえ、がっちりした体型をしていた。身長はぼくと同じ一七〇センチ前半ぐらいだが、体重は九〇キロ近くはあったように見えた。髪型はスキンヘッドで、目は細く、どこか柔道家のような佇まいだった(小林まことの傑作『柔道部物語』に出てくる西野新二にそっくりだった)。

ぼくはどちらかというと、彼が苦手だった。彼も同じようにぼくが苦手そうで、あいさつ程度にぼくのもってきた漫画を話題にするものの、それ以外は「いらっしゃい」と会計の金額、そして「ありがとうございました」ぐらいしか口にしなかった。

彼にはふたりの子どもがいた。どちらとも男の子で、おそらく、うちの子どもたちよりちょうど二歳ずつ年上のようだった。

長男はカブトムシに夢中で、店のレジのまわりにカブトムシの虫かごを二、三個ならべていた。次男はいつもYouTubeに夢中で、お昼すぎや夕方ごろにタブレットで動画を見ながら、伸び切ったうどんをすすっていた。

店は水曜日が定休日で、その日になると、シャッターが下りた店の前によく白いワンボックスワゴンが止まっていた。運転席には彼が座っていて、生活スペースとなっている店の二階から妻や、夏休みに入った子どもたちが降りてくるのをのんびりと待っていた。

のちに奥さんに聞いた話だが、定休日は毎週のように家族で車で出かけ、夏になると、プールや、カブトムシをとりに出かけていたらしい。

——ぼくにも同じ年頃の子どもがいるんですよ。上は男の子で五歳、下は娘でまだ三歳なんですよ——

何度か彼にそう打ち明けたい気持ちに駆られたことがあったが、ぼくは最後まで彼には家族のことも、自分の仕事のことも話さなかった。

それよりも行きつけの店で、だれにも邪魔されず、ゆっくりと漫画を読むことを選んだ。

二〇二〇年の二月、いつものようにそば屋さんでカツ丼を平らげ、お会計をするためにレジの前に立つと、のれんの向こうに咲き誇ったたくさんの胡蝶蘭が見えた。

なんだろう？　と目を凝らすと、白い花の横に彼の遺影が飾ってあるのだった。

「どうしたんですか？」思わず、彼のお母さんに尋ねた。

「気持ち悪いっていって急に眠り込んで。それで結局、一度も目を覚まさずに死んじゃったのよ」

お母さんはすでにいい慣れているというふうにぼくにいった。

「だって、まだお子さん小さいでしょ？」

「上の子は、「お父さんにはこれまでたくさん遊んでもらったからいいんだ」って。下の子はまだ小さいからわからないよね」

ぼくは瞬時に涙があふれそうになるのをこらえて、「そうですか」といった。

店に通うようになって五年が経とうとしていたが、彼のお母さんとこんなに話すのも初めてだった。

「お客さんはいくつなの?」

お母さんはぼくに聞いた。

「四四歳です」

「えっ、じゃあ、うちの息子と同級生だ。子どもはいるの?」

「ふたりいます」

「ほんと?!」

お母さんはこころの底から驚いたというふうにいった。

「あんた、身体は絶対にたいせつにしなきゃだめよ」


その年の暮れから、ぼくは毎年クリスマスになると、彼の子どもたちに図書カードを渡すようになった。

たいした額でもないので、昼食の会計のときに、ふたりのお母さんに「今年もこれ」とそっと差し出すのだ。

たまに子どもたちが小学校から帰ってきたり、友人たちと連れだってどこかへ遊びに行く姿を見かけることがある。

そのたびに、ぼくはいま、亡くなっている彼がもっとも見たいだろう光景を目の当たりにしているのだ、と思う。

山の上の家のまわり

――庄野潤三『世をへだてて』解説

二〇一四年のまだ寒いころに、初めて生田《いくた》の作家の家に伺った。当主はすでに亡く、奥様の千《ち》壽子《ずこ》さん、長女の夏子《なつこ》さん、長男の龍也《たつや》さん、龍也さんの奥様である敦子《あつこ》さんの四人があたたかく迎えてくださった。小説にたびたび出てくる「かきまぜ」をいただき、作家が愛した山形の酒「初孫」をいただいた。

その場に作家がいなくても、作家がその場にいるようであった。のちに聞くところによると、作家が机に向かっていたころも、担当編集者たちはみな、作家の家族に同じようにもてなされ、作家はお酒を飲みながら、言葉すくなに、それを見ていたというから。

書棚にはまだ、作家が愛した本が整然と並んでいた。伊東静雄、井伏鱒二、小沼丹、福原麟太郎、十和田操等々。

時折、作家の愛読者が家のまわりを歩き、なかを窺っていることがある、と夏子さんがいった。そういうとき、作家の妻は読者を家のなかに招き入れ、いくらでも作家の思い出を読者に語るのだという。

庄野潤三は一九四九年に「愛撫」で世に出て、二〇〇六年の『ワシントンのうた』まで休まずに原稿を書いた。本作『世をへだてて』の二年前に第六随筆集『ぎぼしの花』が刊行されているが、そのなかにこんな記述がある。

「自分が興味を惹かれるものがある。それが無かったらお手上げだが、幸い身のまわりにある。ただし、それはばらばらのままで、繋りが無い。また、無理に繋りをつけたくはない。そんなふうにすれば、本来の面白みをたちまち失ってしまうからだ。では、どうすればこのばらばらで、順序のないものに一つの芸術的な纏りを与えることが可能であるか」(「原稿の字と小説の主題」)。

庄野潤三はこうした態度で終始、文学と向き合った。虚構らしい虚構の世界からは距離を置き、家族を見つめ、ときにテープレコーダーをもって市井の人びとの話を聞きに出かけた。そっちのほうが本当である、と信じたのである。

大きなよろこびやかなしみ、よくできた物語よりも、ペーソスを愛した。たとえば、六八年に刊行された『雉子の羽』は、家族の話の聞き書きと、作家が町のなかで拾い集めた名も知らぬ人たちの会話から成り立つ稀有な一冊だが、これを読むと、作家が愛していた世界がよくわかる。

八十七

蓮田が小学校の下の道へ来ると、若い方の中風の爺さんが麦藁帽子をかぶって、杖で身体を支えながら立っている。

いまちょうど、向きを替えて、家の方へ引返すところであった。

そこは、学校へ上る坂道の角っこで、爺さんの家からだいぶん離れている。道が曲っているので、爺さんの家は見えない。間に農家の大きな菜園があって、柿の木の若葉が陽を受けて光っている。

こんなところで爺さんに会うとは思わなかった。

前には、家の前の腰かけから何歩も行かないところで、歩く練習をしていたのである。それもすぐにヒバの垣根につかまって休んでいた。

ここまでひとりで歩いて来れば、大したものである。

爺さんのかぶっている麦藁帽子は、経木でこしらえた、すぐに縁がちぎれたりする帽子ではなくて、農家の人などがかぶる、部厚くて、手に持つと重い、あの麦藁帽子である。それに、まだ新しい。

また、小ざっぱりしたズボンを穿いている（それは、蓮田がいつも家で穿いているズボンと同じ種類であった）。履いている運動靴は、小学生の履くような靴であるが、それもきれいであった。

爺さんは歩き出した。杖を前に出して、自分の重みをかけながら、反対側の不自由な足を踏み出す。そっちの手も、身体の前に垂らしている。

歩きかたの順序というものは、前と変りはないが、動作が確かになったことだけは分る。しばらく歩行を続けると、爺さんは道ばたのごみ箱に腰を下して、休憩した。背中のすぐうしろに、躑躅が一株あって、赤い花をいっぱいつけている。

家の横では、若い女の人が洗濯物を物干にかけている。

爺さんは、いま腰かけたところなのに、またすぐ杖を取って立ち上り、歩き出した。蓮田がそのあとを見送っていると、うしろから兄弟らしい小学生の男の子と女の子が、手に何か画板のようなものをぶら下げてやって来て、爺さんのそばを通り過ぎて行った。

引用の冒頭に「八十七」とあるように、『雉子の羽』にはこうした掌篇が百七十一収められていて、それぞれに番号が振られている（「八十七」はこれが全文である）。散歩をしていてよく見かけるリハビリ中の爺さん、頑丈そうな麦藁帽子、赤い躑躅、子どもたちなど、原稿用紙にすれば二枚半の世界のなかに、作家が好んだものが溢れんばかりに入っている。

庄野潤三は六四年に日本経済新聞に連載した『夕べの雲』（刊行は六五年、以下刊行年）によって自身の作風を確固たるものにし、『流れ藻』（六七年）、『紺野機業場』（六九年）、『屋根』（七一年）、『引潮』（七七年）、などではモチーフを外に求めた。一方で、家族の日々を「星空と三人の兄弟」（『小えびの群れ』所収、七〇年）、「絵合せ」（『絵合せ』所収、七一年）、「餡パンと林檎のシロップ」（『休みのあくる日』所収、七五年）などの優れた短篇によって、鮮やかに切り取った。作風こそ静かだが、『流れ藻』が刊行された六七年から『ガンビアの春』が刊行された八〇年まで、作家は毎年、精力的に著作を発表している。

同じころ、第三の新人の遠藤周作、吉行淳之介、安岡章太郎らは軽妙なエッセイによって、文学の枠をこえた読者を獲得し、同じように著作を毎年刊行していたが、そのありようは庄野潤三とずいぶん違う。第三の新人ばかりか、日本文学のほかのどの作家とも異なる道を、庄野潤三は、脇目も振らず一歩一歩進んでいったように見える。

道標としていたのは、本作にも登場するチャールズ・ラムの『エリア随筆』や、師であった伊東静雄のことばだろう。同年代の作品よりも、若い頃に愛読した文学作品を繰り返しひもとき、その目でもって、身の回りの世界をあらためて見つめ直した。庄野文学の大きな特徴でもある子どもたちの語りは、すなわち、子どもたちの目で作家の身の回りの自然と人びとを再発見することにほかならない。

本作『世をへだてて』は八五年に作家が脳内出血で倒れ、リハビリ後に書かれた連載エッセイだが、ここでも長女の語りが作品の核となっている。


重症室の戸をそうっと開けて、うとうとしてられるけど、意識ははっきりしているといったので、はーっ、よかったと思った。

部屋へ入って行ったら、お父さんは鼻に酸素の管を当てて、頭の上に点滴の壜をいくつも吊して、手に注射の針がいっぱい刺さっていた。奥の方のベッドに二人ほど寝ていた。お母さんが小さな声で、

「お父さん、和子が来てくれましたよー。民夫も一しょですよー」

といった。目は見えないようだったけど（長女は詳しくその様子を報告しようとしたが、私は止めた）、そばへ寄ると、

「来てくれたんか」

こんなことになってしまったけど、命拾いしたからな、といって、手を強い力で握りしめた。

——どっちの手でと私が訊くと、長女は右手でした、といった。

ここで重要なのは、作家が子どもの目をとおして自分を発見するということだ。それまで「腕立て伏せを毎回、四十回していましたとか、庭の山もみじの枝につかまってぶら下る競争なら、三十歳代の二人の息子にそれほど引けを取らな」かった、いわば体力と活力のひとであった自分がベッドに寝たきりとなり、わずかのあいだではあるが、記憶をも失っている。

庄野家の子どもたちはみな、幼いころから父に話をし、父がそれを聞くのを喜んだというが、作家は、病床の変り果てた自分の姿の話をも、興味津々に耳を傾け続けたことだろう。そこにペーソスを見出し、同じ病とたたかう病室のひとたちと同質のものを認めて、ほっと胸を撫で下ろしていただろう。

大型トラックの運転手をしていた野宮さん、浅草の紙問屋の息子で、池袋の方で紙の小売店をしている吉岡さん、脳内出血で倒れ、退院直後に帰宅した、会社勤めのアメリカ人ヘンリーさんなど、『世をへだてて』のなかにも、これまでの庄野文学同様、市井の人たちがたくさん登場する。作家は彼らの姿を描くことに自分の仕事の意義を見出し、注意深く観察をする。わからないことや、見逃してしまったものは、妻や子どもたちに聞く。そうすることによって、作家としての体力を少しずつ回復させていく。

けれど、その興味のありかたは病気で倒れる前とは異なっている。作家の観察対象のなかには、病で倒れ、老いていく作家自身も入っている。それまでは観察する者であり、語る者であった作家自身が興味深い観察の対象となることで、庄野潤三の文学は大きく変容していくことになる。

作家が住む生田の家を探し当て、その家のまわりをぐるぐる歩くような愛読者が生まれたのは、作家が病で倒れ、『鉛筆印のトレーナー』（九二年）を皮切りに、日記のような、身の回りのことを描いた小説を発表しはじめてからだ。そこには変わらず子どもたちがいて、妻がいて、孫がいたが、語り手である作家自身もいた。作家は「おいしい」と感じる自分を描き、「うれしい」と思う自分を描くことで、老夫婦がどんな日常を過ごしているかを、「ばらばらのまま」、「無理に繋りをつけ」ずに描くことを日々の仕事とした。日記のような小説を書くことを目的としたのではなく、結果として、日記のような小説がいくつも生まれた。

読者は毎年刊行される作家の小説を読み、庄野家の子どもたちや孫の様子を知り、老夫婦の日々を知った。彼らが読んでいるのはたしかに文芸書ではあるのだが、一方で、愛する親戚からの手紙のようでもあった。こうした作家と読者の仲睦まじい関係が生まれたのは、繰り返しになるが、作家が病を得てからである。その意味で、『世をへだてて』は作家の分岐点を示す一冊といえるだろう。

本作の翌年には長女からの手紙が大きくクローズアップされた傑作『インド綿の服』（八八年）

が刊行され、その翌年には庄野文学のあらたなヒロイン「フーちゃん」が登場する『エイヴォン記』が刊行される。それはペーソスよりも、よろこびのほうに比重がおかれた世界であり、作家は見つめること、書くことを何よりよろこんでいるように見える。

作家は二〇〇九年に八八歳で亡くなった。

当主がいなくなった家には妻がひとりで暮らし、作家が原稿を書いていた当時のままに家を保った。

二〇一七年にその妻が亡くなったあとは、子どもたちが母の代わりに、父の思い出を読者に語った。彼らの話を聞く機会を得た幸せな読者はその内容に耳を傾けながらも、同時に、いま目の前にいる語り手が小説の主要人物であり、『夕べの雲』のなかでは「晴子」や「安雄」といった名で描かれた子どもであったことに、いつまでも驚き続けただろう。

その長女から伺った話をひとつだけ紹介して、本稿を終わりにしたい。

長女が短大を卒業して、働いていたころの話。生田は『夕べの雲』のころから続く再開発によって道路が整備され、どんどんと家が建っていた。

先に紹介した『雉子の羽』では、妻は買い物先や病院で出会った人たちの話をし、子どもはアヒルや鯉など生き物の話をするが、主人公の蓮田はしばしば道ばたで「土方」を見つめ、その様子を正確な筆致で綴っている。彼はむかしから、汗水たらして働くひとたちのことが好きなのだ。毎日、生田の坂を上り下りして会社に勤めていた長女も、家をつくる「土方」たちのことをよく見つめた。そしてある日、母と相談しながら「土方のうた」というのをつくって、父に歌って聞かせた。

ドは土方のド
レはレールのレ
見は道ばたのミ
ファは飯場のファ
ソは青い空
ラーララララララ
仕事はたのしい
さあ、働こう

作家の健全な精神が宿ったかのようなこのユーモラスな歌を、作家はどれほどおもしろがり、よろこんだことだろう。

長女はいまも、散歩しながら、この歌を空に向かって歌うという。父と母に聞こえるくらいの大きな声で。

長い読書

義父と初めて会ったのは、国立の大学通りにある白十字というケーキ屋さんで、義父はまだ喫煙可能だったその店で、長身を屈めるようにしてショートケーキを食べ、珈琲を飲んでいた。

「娘さんと結婚させてください」と改まっていうのは芝居がかって恥ずかしいから、ぼくは自分の両親の出身地の話をし、義父は生まれ故郷の岩手の話をした。ぼくの妻になる人は、義父のとなりでその話をやや緊張した面持ちで聞いていた。

義父は国分寺市の小さな戸建てに娘とふたりで住んでいた。その娘がぼくと結婚して家を離れると、ひとり暮らしになったが、二匹の猫が同じ屋根の下で暮らしていた。

猫たちはぼくの顔を見ると、いつも走って二階へ逃げた。冬になるとこたつのなかで寝ていたが、ぼくが足を突っ込むと、やはり慌てふためいて二階へと続く階段を駆け上がっていった。

「おーい、クロちゃん、シロちゃん」

義父は猫たちを紹介しようとして、大きな声で彼らの名を呼ぶのだが、彼らが下りてきたためしはなかった。

妻が拾ってきた兄弟猫だった。もともと生き物が好きだった義父は猫を可愛がり、猫たちもまた義父になつき、いつもそばにいた。

猫とゴルフと郷里の岩手。

それが義父の好きなものだった。


「わたしが生まれ育った葛巻はなにもないところなんだ」

と義父はいった。

「でも牛がたくさんいるんだよ。人間より多いかもしれないな」

義父はそういって、よく笑った。

当時の多くの若者たちと同じく、中学校を卒業すると集団就職で東北を離れ、東京の工場で働いた。それからいくつか職を変え、三〇歳をすぎると運転手という仕事に落ち着いた。病院の院長や、大企業のお偉いさんを日々送り迎えした。

温厚な性格だったから、だれにでも好かれた。嘘もつかず、いつまでも青年のようだったから、ある会社では「おもと」というあだ名がついた。ぼくはその植物の名前を聞いたことがなかったのだが、漢字にすると「万年青」と書くのだという。

「万年青年」の義父に捧げられた素敵なあだ名だ。

義父がひとりで外食したり、居酒屋でビールを飲んだり、という話は聞いたことがない。おそらく生まれてからずっと真面目に働き、つつましく暮らしてきたのではないか。

義父の家に遊びに行ったとき、一度だけ、縁側から居間でくつろぐ義父の様子を覗き見たことがあったが、さびしそうな、なんともいえない顔をしてテレビを見つめていた。

義父はすでに仕事もやめていたし、義母は長いあいだ闘病中で家にいなかったから、なにもすることがないかのようだった。

たまに昔の同僚に誘われて、ゴルフに出かけた。

こたつの上にはよく、ゴルフのスコアを記した用紙と、クリップと一体型のプラスチックの鉛筆が転がっていて、廊下にはふたつのゴルフバッグが所狭しと並んでいた。

義父はぼくに「ゴルフはやらないの？」と聞いた。

ぼくが、やりませんねえ、とこたえると、「おもしろいよ。やればいいのに」といって、こたつのなかに足を入れたままスイングする振りをした。

その義父の様子が変わってきたのは、二〇一六年に義母が肺炎で亡くなってからだった。

義父は妻の死去を悼むというよりも、葬儀の場に兄弟みんなが集まってくれたことをよろこんでいるように見えた。

それから約一年後のこと、我が家の食卓に義父の好物の中華くらげの和え物を出すと、義父は「なにこれ？」といった。

妻は笑って、「お父さん好きでしょ？」といったが、義父は笑わなかった。

「え、だって、よくつくってくれたじゃん？」

妻がそういうと、義父は「わたしは知らないなあ」といった。

義父は七六歳になったばかりだった。「年だし、物忘れかもね」と妻と話したが、義父と会うたびにそうした楽観的な見立てはすこしずつ崩れていった。

決定的だったのは、娘が国分寺の家で暮らしていたのを忘れていたことだ。

もともとは武蔵野市に家族三人で暮らしていたが、国分寺市に越して一〇年以上が過ぎていた。

「わたしもこの家に住んでたよ」

妻は泣きそうな顔で義父に訴えた。

義父はやがて、猫たちの世話ができなくなった。

妻はぼくに生まれたばかりの長男の世話をまかせて、月に一、二度の割合で国分寺の家を訪ね、あふれ返った猫のトイレを掃除するようになった。

もちろん、そんなペースでは清潔なトイレを保つことはできるはずがなく、猫たちは家のいたるところでおしっこをし始めた。

小岩に住む義父のいちばん下の弟も頻繁に兄の家を訪ねるようになり、ぼくは義父のことで困ったことがあると、その叔父に電話で相談するようになった。

義父は家のなかで寝ていることが多くなり、食べることと飲むことに、だんだんこだわりをもたなくなった。

かつては自炊していたのだが、認知症が進むと、食べるものは菓子パンで、飲むものは牛乳か水といった食生活になった。

そして、夏の日に義父は倒れた。

「お父さんの様子がおかしい」という妻の電話でぼくが駆けつけたときには、義父はもう動けない状態だった。すぐに119番に電話をかけ、義父といっしょに救急車に乗った。

極度の脱水症状だった。

ぼくは救急医から「もう少しで危ないところでしたよ」と脅すようにいわれた。

義父は自身の空腹や、喉のかわき、暑さや寒さといったものに急速に鈍感になっていた。

二匹の猫を我が家に引き取り、毎週、仕事後に病院に入院する義父を見舞った。

義父は病室にぼくの顔を見つけると、満面の笑みでよろこんだ。

「なに、どうしたの」

そういってぼくの腕を叩き、毎回「どうやってここへ来たの？」と聞いた。

ぼくはそのたびに、「職場が吉祥寺だから、国分寺へは中央線一本で来れるんですよ」と説明した。

「仕事はもう終わったの？」

「はい」

「じゃあ、これからご飯だ」

「妻は子どもたちともう食べてると思いますよ。お義父さんは？」

「わたし？」

義父はすこし考える仕草をして、それから「忘れちゃったなあ」と笑った。

義父と話しているあいだは楽しかった。

どういうわけか、義父はぼくを気に入ってくれていたし、ぼくも義父の温厚な人柄に惹かれていた。

東京に義父のような人はいなかった。

義父を見舞いながら、同時に地域の「地域包括支援センター」へ出向き、義父のことを相談した。

担当者は義父の様子を聞くと、「まず間違いなく要介護認定がおりるでしょう」といった。「その判定によって受けられるサービスも、支払うべき対価も異なるから、一日も早く認定調査を受けたほうがいいですよ」

それから約二週間後、義父が入院する病院に調査員がやってきて、しばらくして、義父は「要介護3」の認定を受けた。

インターネットで調べてわかったのは、「要介護3」の認定がおりたのは、とても運がいいということだった。

義父はまだひとりで買い物も行けたし、お風呂も自分で沸かして入ることができた。調査員との面会する日の体調によっては、「要介護2」、ひどいと「要介護1」という結果もありえたのだった。

義父は退院し、それからは週に二回デイサービスに行き、週に三回ヘルパーさんが義父の家にやってくる生活がはじまった。

義父はすでにぼくたちの住むマンションを訪ねることができなくなっていたので、ぼくはたまにレンタカーを借りて、義父を世田谷の我が家まで連れてきた。

猫たちは義父を覚えていたから、義父がソファに座ると、そろそろとそばにやってきた。けれど、義父はもう猫たちのことをおぼえていなかった。「かわいいねえ」といいながら、いつまでも猫たちの背中をなでた。


まだ介護の仕事を始めたばかりといった様子の若者が義父の家にやってきて、冷凍食品の焼きそばを電子レンジであたため、部屋の掃除をした。

義父はそれをよろこんでいるという感じではなく、なぜだろう、という顔をして、若者の挙措をながめ、ぼんやりとテレビを見つめていた。

テーブルの上に焼きそばの載った皿が置かれても、手をつけなかった。それが食べ物であるということも認識していないかのように、だれかがそれを流しに下げるまで、いつまでもテーブルの上に放置していた。

義父は岩手の話をすることが何よりも好きだったので、義父の家に様子を見に行くたびに岩手の話を聞いた。

――いまが岩手を旅行するのにはいちばんいい季節だ。

――岩手はもう寒いだろう。
――今日あたり、雪が降っているかもしれない。

義父は近所のスーパーへひとりで買い物に行き、そこで売っている葛巻産の牛乳を買ってきては、「ほら、これ。わたしのふるさとの牛乳」といって、ぼくにそれを見せた。郷里の話をしているときは、いつも満ち足りたような顔をしていた。

我が家には長男に続いて、長女が生まれ、ぼくも妻も子育てに追われていた。義父のことがつねに頭にあったが、国分寺の家までは徒歩と電車で一時間以上かかるため、気軽に訪ねることができなかった。

週に一度は、ケアマネージャーの女性からショートメッセージがあり、それによって義父の様子を知った。

彼女は仕事熱心で、義父になにか少しでも変わったことがあると、ぼくにメッセージを寄越した。

最初のほうこそ、それを有り難く思ったが、コロナウイルス感染症が日本でも確認され、幼稚園に通う子どもたちの対応に日々追われるようになると、返信することを面倒くさいと思うようになり、仕事まで忙しくなってくると、メールを最後まで読むことさえしなくなった。

最初の事件は、二〇二一年の春に起こった。

義父が通いつけのスーパーから帰れなくなり、警察官に付き添われて帰宅した、とケアマネージャーから連絡があった。

その一ヶ月後、仕事から帰ると、妻が「朝からお父さんと電話がつながらない」と顔色を変えていた。

その日はヘルパーさんの訪問日ではなく、デイサービスに行く予定もなかった。

「もう寝ているんじゃない?」と妻にはいったが、ぼくも気持ちが落ち着かなかった。

妻に「様子を見に行こうか?」と聞くと、行ってほしいというので、近所のカーシェアリングサービスで車を借り、甲州街道を飛ばして、国分寺の義父の家へ向かった。

家は真っ暗だった。

義父がどこかで倒れているのではないか、と想像すると、光を灯すことが恐ろしく、ぼくは大きな声で「お義父さん! お義父さん!」と呼びながら、居間、お風呂、トイレの電気をひとつずつ点けていった。

二階の部屋にも、ベランダにも義父はいなかった。

そうすると義父はゴルフに行っているか、どこかで迷子になっているかのどちらかということになるのだが、もう二〇時を過ぎていた。

妻に状況を報告すると、「ゴルフに行っていて、二〇時を過ぎて帰宅することなんてない」という返事だった。

けれど、それから間もなく、義父は友人の車に乗って帰ってきた。大きなゴルフバッグを抱えて。


次に義父の所在がわからなくなったとき、義父は警察署で保護されていた。

車を借りて小金井警察署に到着すると、義父は椅子から立ち上がり、満面の笑みでぼくを迎えた。

警察官の話から推測すると、義父は知らない町に向かって、二、三時間は歩いていたようで、普段よりさらに痩せて見えた。

それからは週に二日、ぼくは仕事帰りに義父の家に寄るようになった。

吉祥寺の駅ビルで細巻きを買い、西国分寺駅のスーパーでドーナッツを買って、義父とふたりで毎回、夕方のテレビニュースを見つめた。

――お義父さん、大谷って、岩手出身なんですよ。ピッチャーもやるし、バッターもやるんですよ。

大谷のニュースが取り上げられるたびに、ぼくはいかに大谷がすごいかを義父に力説した。

この年の春、義父がかわいがっていた二匹の猫が相次いで亡くなった。兄弟だからだろうか、同じように腎臓を悪くし、二ヶ月違いで世を去った。

同じころ、義父のことをいつも気にかけてくれた叔父も癌で永眠した。

ぼくも妻も義父にはなにも話さなかった。

でも、義父はすべてを理解したかのように、だんだんと元気を失っていった。

八月、ふたたび義父は救急車で病院に運ばれた。

水分もとらず、食事の量も激減していて、ある日布団から起き上がれなくなった。

入院をするのにはＰＣＲ検査が必要だといわれたが、義父はそのことをまったく理解できず、医者たちに強く抵抗をした。

結局、入院の手続きがすべて済むまで五時間かかった。

ぼくはそのあいだ、耳をふさぐようにずっと、待合室で本を読んでいた。


退院しても、義父の体調は芳しくなかった。

家を訪ねても寝ていることが多くなり、起きても、なにも話さないことが多くなった。

ケアマネージャーと相談し、リハビリのための長期入院を計画した。

基礎疾患がなく、自転車も乗れるくらいの体力のある義父の長期入院は容易ではなかったが、妻が昭島の病院まで見学に行き、入院先を決めてきた。

このころ、ぼくは火曜日と木曜日と日曜日の週三日、義父の家を訪ね、妻は毎週土曜日に実家へ通って、義父の様子を見に行っていた。

ぼくたち夫婦だけの暮らしなら、こうしたこともそんなに負担を感じなかったのかもしれなかったが、子どもたちはまだ幼く、ぼくたち夫婦も四〇代半ばと若くなかったので、お互いの疲労をだんだんと隠せなくなっていた。

入院の付き添いは妻がした。

けれど、その明くる日の朝、病院から「うちではお預かりできない」と連絡があった。

義父は自分がなぜこんなところで寝泊まりしなければいけないのかを理解できず、消灯時間を過ぎても、ベッドにじっとしていることができなかった。

妻は子どもたちの小学校と幼稚園の準備をしなければならないので、ぼくが病院まで向かった。

昭島は遠かった。

義父はぼくの姿を認めるなり、やっぱり満面の笑みでぼくを迎えた。


吉祥寺から中央線に乗って二〇分。帰りは、武蔵野線と南武線と京王線で約四〇分。

ぼくは妻に、「いつもより本が読めるからうれしいんだよ」といった。

家にいると、子どもたちが「遊ぼう、遊ぼう」といって、自分のことはなにもすることができない。でも、義父の家へ行くのであれば、すくなくとも一時間は本を読むことができる。

ぼくは義父の家へ行く日々を過ごすうちに、だんだんと厚い本を選んで読むようになった。

四〇〇ページの本。

六〇〇ページの本。

二段組の本。

上下巻の本。

それらの本を読んでしまうと、ぼくはもっと長い本を読みたくなり、ソルジェニーツィンの『収容所群島』全六巻を読み、中里介山の『大菩薩峠』全二〇巻も読んだ。

義父はもうほとんどなにもしゃべらなかった。「お義父さん」と話しかけても目を開けるぐらいで、あとはずっと目をつむり、眠っていた。

いま思えば、義父は日に日に弱っていたのだった。実際、それから一年経たずに義父は老衰で亡くなった。

当時のぼくはそのことをうまく理解できなかった。だから、その代わりに、一所懸命本を読んだ。

それはいいかえれば、近くのことがなにも見えなかったから、遠くのものを目を凝らして見つめた、そんな日々だったのだと思う。

初出一覧

本を読むまで

本を読むまで	書き下ろし
大きな書棚から	書き下ろし
家に帰れば	「望星」二〇二二年一月号
『追憶のハイウェイ61』	「望星」二〇二二年二月号
バーンズ・コレクション	「望星」二〇二二年六月号
江古田の思い出	「望星」二〇二二年八月号
遠藤書店と大河堂書店	「望星」二〇二二年四月号
大学生	「望星」二〇二二年七月号
『風の歌を聴け』	書き下ろし
本を読むコツ	「望星」二〇二三年四月号
文芸研究会	「望星」二〇二四年二月号
Iさん	書き下ろし

すべての些細な事柄	書き下ろし
「アリー、僕の身体を消さないでくれよ」	書き下ろし
大学の教室で	書き下ろし

本と仕事

『言葉と物』	「BRUTUS」二〇二四年一月一五日号 No.999
『なしくずしの死』	「望星」二〇二三年一月号
『ユリシーズ』がもたらすもの	「望星」二〇二三年二・三月号
沖縄の詩人	「望星」二〇二三年一〇月号〜二〇二四年一月号
リフィ川、サハラ砂漠	書き下ろし
遠くの友人たち	書き下ろし
『魔の山』	書き下ろし
H君	「望星」二〇二三年五月号
団地と雑誌	書き下ろし
本づくりを商売にするということ	書き下ろし
「ちいさこべえ」と「ちいさこべ」	『文藝別冊　総特集　望月ミネタロウ』(河出書房新社)二〇二三年
アルバイトの秋くん	書き下ろし

本と家族

リーダブルということ　「望星」二〇二〇年五月号

『アンネの日記』　『本屋さんしか行きたいとこがない』（岬書店）二〇二〇年

『彼女は頭が悪いから』　高田郁文化財団ホームページ　この一冊

子どもたちの世界　『松田道雄 子どものものさし』（平凡社）栞・二〇二一年

宿題　「かげ日なた」vol.10　二〇二三年一月

ピカピカの息子　「望星」二〇二三年七月号〜二〇二三年九月号

声　書き下ろし

そば屋さん　書き下ろし

山の上の家のまわり　『世をへだてて』（講談社文芸文庫）解説・二〇二一年

長い読書　書き下ろし

著者略歴

（しまだ・じゅんいちろう）

1976年高知県生まれ，東京育ち．日本大学商学部会計学科卒業．アルバイトや派遣社員をしながら小説家を目指す．2009年，出版社「夏葉社」をひとりで設立．「何度も，読み返される本を．」という理念のもと，文学を中心とした出版活動を行う．著書に『あしたから出版社』（ちくま文庫2022），『古くてあたらしい仕事』（新潮文庫2024），『90年代の若者たち』（岬書店2019），『本屋さんしか行きたいとこがない』（同2020），『父と子の絆』（アルテスパブリッシング2020），『電車のなかで本を読む』（青春出版社2023）がある．

島田潤一郎

長い読書

2024年 4月16日　第1刷発行
2024年10月 4日　第6刷発行

発行所 株式会社 みすず書房
〒113-0033 東京都文京区本郷2丁目20-7
電話 03-3814-0131(営業) 03-3815-9181(編集)
www.msz.co.jp

本文印刷所 精興社
扉・表紙・カバー印刷所 リヒトプランニング
製本所 松岳社

装丁 尾方邦雄

ISBN 978-4-622-09698-6
［ながいどくしょ］